JN003552

大人のマナー術

辛酸なめ子

光文社新書

まえがき

この数年間、生きていくのがやっとで、マナーを実践する余裕がほとんどなかった気がします。「コロナが明けたら会おうね」という便利なワードは、そこまでして会いたくない相手に対して使い、自分もときどきそのセリフを言われたりして、友人知人と疎遠になっていきました。コロナ禍になってからときどき開かれていたオンライン飲み会も一過性のものに……。

そうやって限られた人としか会わないでいると、身だしなみや立ち居振る舞いも適当になっていきます。細かいことだと、食事の作法が雑になったり、マスクだからとメイクが適当になったり……。ドレスアップしていくところがないので、おしゃれもあまりしなくなってしまい、全てが面倒くさくなる、という悪循環。人間は社会的動物であることを常に念頭に置き、人とうまく共存していくためのマナーを忘れないようにしたいです。

この本で取材したり体験したことは、コロナが収束してから、なんとか世の中にとけ込み、人間関係をよりよいものにしたい、という思いでリサーチしてきたものです。今となっては懐かしい風習もあるかもしれませんが、激動の時代の記録として書き留めました。

ふと危機感を覚えたのが、近い将来、マナーの感覚を保っていた人、失ってしまった人の二極化状態になってしまうのではないか、ということ。コロナ禍でも、自宅を整理整頓し、おしゃれを心がけて、上質なものに囲まれていた人と、着の身着のままで怠惰な暮らしに甘んじていた人の差が開いていているように思います。

先日も、ラグジュアリーな部屋でホームパーティを開いて人をもてなしている素敵な女性と会い、刺激を受けました。美しい作法や暮らしを心がけることは、人に対するマナーというだけでなく、自分に対するマナーでもあるのです。自己肯定感を高めることで、ポジティブなものごとが引き寄せられてきます。その女性が素晴らしい友人や仕事に恵まれているのは、美意識の賜物（たまもの）だと感じました。

自分を省みると、どちらかというと面倒くさいという思いに流されかけているようです。

このままだと人間性を失ってしまいそうです。ここが瀬戸際、運命の分かれ道だと思い、人脈やつてを頼ったり、識者にお話を伺ったりして、マナーについて、潤滑な人間関係について考えてみたのが、この本になります。

私と同じく、コロナ禍で全てが面倒くさくなってしまった方、きっとまだ間に合います。もし拙著が何かのご参考になりましたら幸いです。

『大人のマナー術』

目次

「繊細さん」の生存戦略

SNSで自分を見失わないためのメモ

陽気なマッチョの人生訓

大人生活のリテラシー

謝罪の流儀

「運命の出会い」にご用心

心の恐怖指数は乱高下

大人のマネーリテラシー

「プチ整形」前々夜

辛酸コロナ日記 その1

新旧マナーのディスタンス

仮想コミュニケーション日記（2020年9月）

疎遠な生活（2020年11月）

「マスク会食」考（2020年12月）

私語禁止入門（2021年2月）

非日常のエチケット

たしなみとしての陰謀論

今日から話せる宇宙語入門

神様セックス

人間関係のヒント

人事異動を乗り越えるコツ

人事権の魔力

春になると届く「異動のお知らせ」メール。お世話になった人が担当ではなくなると、クラス替えシーズンのような寂しさを感じます。当事者にとってはセンチメンタルなクラス替えどころではなく、引き継ぎや環境の変化などでかなりの転機なのではと拝察します。「異動ガチャ」という言葉もあるように、不可抗力の指令なのでしょう。

就職したことがない身にとって、知られざる人事異動の世界。会社勤めの友人3人との会食で、異動について聞いてみました。

「内示の時期は社内がざわつきますね。管理職の間で、誰を出す、誰が欲しい、という話し合いになっているようです」（Dさん）

「うちは絵巻物みたいに社内に貼り出されますね。その前に組合に事前告知されます」

（Tさん）

「直属上司に呼び出されて伝えられます」（Mさん）

と、会社によって伝え方も違うようです。掲示で他の人がどの部署になったかわかった方が、情報交換できて便利な気がします。

「イン、アウト、降格などいろいろありますが、出される人の中にはあんまりな人も。ここに行ったらそうなんだなって部署があります」（Dさん）

閑職に追いやられる場合もあるんですね。ちなみに、部下に嫌われている上司を、結託して地方に転勤させたという例もあるそうです。

「経理を巻き込んで、上司の出張費や交際費などをチェックして、必要ない出張を洗い出したんです。上司でも異動させられるんですね」（Dさん）

経理部もいろいろな機密を知ってそうですが、話を聞くと人事部が会社内では実権を握っている印象です。

「人事権は会社員の醍醐味みたいですね。オーナー企業の場合、自分の力を誇示できる。魔力ですね」と、Dさん。もし私が人事部だったらスピリチュアルを駆使して適材適所に采配したい……と想像が広がります。

また、以前人事部で働いていて、自らも人事異動で苦労されたことがあるという、50代後半のFさんに話を伺うことができました。Fさんはメディア関係の会社で何度か異動を繰り返し、今は管理職でもないし、自分の下に部下はいない、自分のペースで仕事を進められるという自由で気楽な立場にいらっしゃるそうです。

人事部にいたときは万能感みたいなものはあったのでしょうか？

「人事の仕事は楽しくはないですね。会社によりますけど、人事部とか人事課がその人の経験とか期待値をもとに、そろそろあいつも40位だから管理職にして部下の教育とか予算管理を勉強させよう、ということで昇格させたりしています。立場が人を育てると言いますが、ポジションを与えてより視野を広めてもらう、という目的です」

就職していない私の場合、人ではなく守護霊や神が「そろそろこういう仕事をさせてみよう」と手配しているような気がします……。

「いつか晴れる日が来る」

ちなみに人事にまつわる話で「ところてん人事」「花いちもんめ」といった聞き慣れない言葉が出てきました。

「ところてん人事」とは、ある人間を別のポジションに動かして空席ができたところに、ところてん方式で、その下にいる人がピュッと入ってくることだそうです。また、後ろから押されて飛び出していってしまう人もいるようです。

「花いちもんめ」は、管理職同士「あの子が欲しい」「この子がいらない」と、狭い世界でやり合っている様子。

風流な用語にまやかされてしまいそうですが、現実は厳しいです。

「人事異動にまつわる心のケアも担当していました。仕事内容や人間関係で悩んでうつになってしまう人もいます。その人に自己治癒力や活力があればそこから抜けられるのですが……」

長年の会社勤めや人事の経験から、Fさんは悩んでいる会社員に向けてこうおっしゃいます。

「私が言えるのは、ずっと雨っていうことはなく、いつか晴れる日が来る、ということ。雲間に光を見つけるのは自分だけしかできないよ、と言いたいです」

また、人事異動でネガティブになってしまう人は、結局どの部署でも不平不満を抱きがち、とFさんはおっしゃいます。

「世の中はどこへ行ってもウマが合わない奴やイヤな奴はいますから。端的に言うと、駅を歩いててもムカつく奴っていますよね。チンタラ歩いてんじゃねえよとか、ぶつかってきたとか。その人捕まえて、このやろうって言ってもなんの解決にもならない。放っておくしかないんです。心に余裕を持てるようになれば人事異動が来ても大丈夫。絶対に道が開けてきます」

会社員として勤め上げている方の格言、心にしみます。そんなFさんご自身も、異動を告げられるときは毎回ショックを受けていたそうです。

「密室に呼び出されて、どこどこ行ってもらいます、と告げられ、一瞬バットで頭を殴られたような衝撃を受けたことも。僕の場合、よしやった！　っていうのは一度もなかったですね」

人事部からの異動で急にイベント関係の仕事を担当することになり、不規則な生活になって洋服代やカメラ代など自腹の出費が増えたものの、経験値が高まり、楽しみを見出せたとか。

「人事異動で辛いことはあるけれど、新しい発見とか、自分がほんの少しでも前よりスキルが上がったことに気付くと、違う仕事も悪くないなって思いますね」

異動に振り回されないための3つの心得

人事異動を乗り越えるコツについてまとめると……。

・お世辞や社交辞令も時には必要
「長いものに巻かれないポリシーがあってもいい。でも、生きていくための処世術として時にはお世辞の一つ二つ言えるようにしたい。500円で詰め放題の信玄餅のビニール袋に入れすぎて破れちゃったら元も子もないでしょう。極論で言うと白黒と決めつけず、グレーだったら白っぽいですねと言えるような柔軟性も必要なんじゃないかな」

信玄餅詰め放題の例えが難解でなかなか理解が及ばなかったのですが、意固地になりすぎるのも良くない、ということでしょうか。

適度な社交辞令はまあ良いとして、力がある人にゴマをすってついていくと、周りにもそれがバレるし、上の人がコケたときに自分も失脚してしまうそうです。ただ、処世術が巧みな人は、自分がついている人のパワーがなくなってきたらすぐに察して、鞍替（くらが）えして世渡りできるとか。とにかく1人の人に肩入れしすぎるのは危険です。

・会社の外にも人脈を持つ

「会社だけだと視野が狭くなる。一歩外に出ないと。仲間を中だけじゃなくて外にも作るのは大切です。外部の人と知り合って、キーパーソンだと思ったら誠心誠意尽くして親切にする。そうすると自分が困ったときに必ず助けてくれます」

Fさんは実際に社外に友だちが多いようでした。また私の別の知り合いでも、急に仕事を辞めることになったとき、外部の友人が奔走して再就職先を探してくれたことがあったと言っていました。常日頃から人に親切にしておきたいところです。

「役職定年になって、ただいるだけで仕事がほとんどないのは哀しいです。例えば『営業管理』とか、よくあるのは『本部長付』とかいう肩書き。本部長の横にくっついて実際何もやらなかったり……」

今回はじめて知った「役職定年」というシビアな用語。ある一定の年齢に達すると、「○長」といった役職から外される、という制度のようです。急に周りの人の態度が変わったら切ないです。しかし「管理」とか「○長付」とかほのかに権威を感じさせる肩書きをつけているところに日本企業の優しさを感じます。

・後輩でも部下でも教えを乞う

「当たり前ですけど、部下にだろうが後輩にだろうが目線を下げて教えを乞う姿勢でいるのが大切です。俺の方が偉いって姿勢だと絶対に破滅します。胸襟を開いて接して、時には若い人の悩みを聞いてあげるのも大事な仕事。それができない上司なんかは、僕が部下と楽しそうに話していると嫉妬の目で見てきますよ」

ただ、世代間ギャップで、若い人から「比喩や例えが古すぎて何を言っているかわからない」と言われる事例もあるそうです。上司も若者言葉をアップデートする必要が……。

「持論だけ押し付けると部下は閉塞感を覚えておざなりの仕事になる。自分だけでなく周りにも目を配るのは大変なんですが、なるべく僕から声をかけるようにしています」

コミュ力があるFさんは、役職がなくても周りから頼りにされているようでした。

人事の世界は戦国時代？

ところで、部下と交流するFさんを上司が嫉妬の目で見ているとのことですが、やはり会社は嫉妬が渦巻いているのでしょうか。人事異動や昇進が絡むとエグそうです。

「ありますよ。なんであいつがあんなに上行っちゃうんだ……とか、誰もが納得する人事って少ないですよ。戦国武将に例えるとわかりやすいですね。将軍様に気に入ってもらうためだったら、比叡山焼き討ちくらいの残酷なことをやってでも名をなす、っていうケースもあります。人を踏み台にして成り上がっていくタイプ。でもそういう人の末路は寂しいですよ。踏み台にされた人はずっと覚えていますから、定年になったとたん、蜘蛛の子を散らすように周りから人がいなくなります」

「戦国武将」とか「比叡山焼き討ち」とかスケールが大きい事象に例えると、さらに視野が広がりそうです。会社に閉塞感があったら、歴史の人物に感情移入すると気力がわいてきます。

好きな部署に行けるおまじないとかあるんですか？
人事を占いで決める場合は……？
就職していないせいかズレた質問ばかりして失礼しました……
実際、管理職が、霊感があるクラブのママにこっそり相談する場合があるとか
この人はいずれ裏切りますね
その高額飲食費は経費に計上されているのでしょうか……

フリーの身としては、会社で安定的な収入を得ながら、異動で新たに経験値やスキルが増える、というのは羨ましいです。デスクの移動は荷物の断捨離にもなります。そして人間関係もリセット。そういえば、仕事をご一緒した方で、異動した方の9割が、その後音信が途絶えていることに気付きました。異動後も交流を続けたいと思われるように尽力します。

このたびの教訓

会社の外の世界や、歴史上のできごとなど、スケールが大きいものに意識を合わせれば、人事異動なんて些細に思えます。

「おじさん構文」問題

そのレベルは、もう「おじいさん構文」です

このところ「おじさん構文」がネットで話題になっています。若い女性がわざとおじさんっぽい文体でメッセージを送り合ったり、キモがりながらも楽しんでいる様子。

以前『めざましテレビ』で「女子が選ぶおじさんっぽい絵文字」が特集されていました。真っ赤な「‼」や「！」、「冷や汗笑顔」と呼ばれる、汗をかいた笑顔、水滴の汗の絵文字、そしてスマイルマークなどが挙げられていました。

「冷や汗笑顔」はたしかにおじさん世代に根付いている風習で、あの木村拓哉でさえもインスタやウェイボーなどで「冷や汗笑顔」の絵文字を使っていて、「おじさん絵文字」だと言われていました。おじさんの気恥ずかしさを表現していますが、汗マークを使いがちなのは若い頃のように新陳代謝を活性化したい、という思いがあるのかもしれません。

また、他の「おじさん構文」の特徴としては「絵文字が多い」「一文が長く、句読点が多い」「何の話かわかりづらい」「語尾にカタカナを多用」などがあるようです。「句読点が多い」ことについてですが、長文でときどき息継ぎしたいという体力の衰えが句読点に表れているように思います。

例えば以前、高齢の父から受け取ったLINEを見てみると、

「明日、30日に、おねがいします。」

「いま、いただいた、みかんを食べ終わりましたが、ちいさいけれど、とてもおいしかったです。」

といった感じで読点がかなり多く、体力を振り絞っている感じが。もはや「おじいさん構文」です。「おじさん構文」と「おじいさん構文」の違いというと、加齢するにつれて絵文字や「‼」を入れる体力もなくなる、という点かもしれません。

おじさん構文の意外な活用法

「おじさん構文」の話に戻ると、「カタカナを多用」というのはおじさんLINEの例を

調べてみても顕著です。「一緒にどうカナ？」「無理しないでネ」「奮発しちゃうゾ」「仲良くしてくださいネ」など、唐突なカタカナに、ダサさと違和感を覚える女性は多そうです。急に距離感を縮めてきているようで、軽い恐怖が。また、親しくないのに名前にちゃん付けしてきたり……。下心を感じさせると女性は引いてしまいます。そして女性に対する敬意があまり感じられません。

地位や経済力があるおじさんは、高級店の名前を出してやたら誘う、という特徴もあるそうです。好感が持てるおじさんだったら誘いに乗ってもいいのかもしれませんが……。

ふと、おじさん構文の活用法を思い付いたのですが、逆に男性がしつこい女性からのアプローチを断りたいとき、おじさん構文のＬＩＮＥやメールを送って相手を幻滅させる、というのも手かもしれません。

注意したい「おばさん構文」の特徴

おじさんのことばかり言っている場合ではなく、わが身も振り返らなければなりません。「おじさん構文」に対して「おばさん構文」というのも存在しているようです。

おじさんとの共通点としては、メール感覚でLINEを送るので、やはり1回が長文になりがち、ということ。そして絵文字の多用や、ビックリマークやハテナマークも絵文字にする傾向が。この特徴を知って、私も「!!」や「?」だけ絵文字にしていたのでハッとしました。多分、自分自身の体力が衰えてきたり疲れがちなので、LINE上の末尾だけでも元気な感じを出したい、という深層心理だと思います。

また、「ハートの絵文字」を使いがち、という指摘もありました。男性に対して狙っている感が出てしまい、相手にムリだと思われてしまいます。他には「自分語りをしがち」「真偽不明な健康情報やスピ情報を送る」というのもおばさんの特徴です。思い当たる節がありますが、つい、押し付けがましく知っている知識をアピールしてしまいます。

「誤字が多い」というのは視力が落ちているせいで、とくに夜や暗い部屋で打ったメッセージは、あとで見返すと誤字だらけで恥ずかしいです。先日も「すみません仕事が終わらず」と打ったつもりが「すみません仕事街わら図」となっていたり……。切羽詰まった感は伝わったかもしれません。「濁点」と「半濁点」の使い分けは、もう半ばあきらめています。

LINEで失敗しないための「コツ」

「おばさん構文」はなんとなくサバサバ系とウィット系に分類されるように思います。

周りの若い男性に、どういったLINEがおばさんっぽいか聞いてみました。友人のSさんはとりあえず言葉遣いとしては「やれやれ」「アホが嫌い」という具体例を教えてくれました。これはどちらかというとサバサバ系でしょうか。ドライな中に批判やあきらめ、威圧感が漂っていて怖いです。「やれやれ」は村上春樹の小説の中の人しか言わないと思っていました。サバサバ系は低くドスのきいた声で脳内再生されそうです。悪口を言いがちなおばさんも怖がられるので気をつけたいです。

おじさん構文を笑っていたら……
ビックリマークを絵文字にするのもおばさんの証とは……
と、ショックを受けました
お疲れ様です！
たしかに実際はそこまで元気じゃないのに絵文字で空元気を出していました…
！。!!!?
もっと疲れてくると句読点が多めに……
すみません、もし、よろしければ、この前のお店、教えてね
新陳代謝力が落ちてくると絵文字に汗が増えたり…
LINEは健康のバロメーターです

いい意味でサバサバしているＬＩＮＥもあるそうです。熟女好きの友人いわく「普通、熟女のメッセージはあっさりしているので気が楽です。『一杯飲みに行こうよ』『ごはん行かない?』みたいな。でも中には重い熟女もいて……と、表情を曇らせるＩさん。最近、かなり年上の女性の猛アプローチに遭って大変な日々だったそうです。

「すごいきれいな方だったんですが、１回しか会っていないのに連日重いＬＩＮＥが来て、もうギブアップです……会う前からＬＩＮＥで話が通じないなと思っていたんです」

彼女のＬＩＮＥは「ポエミー」で、お互いが運命の相手だと妄想が暴走している感じだったとか。例えば……「ラブラブ度を占いたいので生年月日を教えてください」と知り合って間もないのに相思相愛感を出してきたり、「ソウルメイト」「ツインソウル」などのスピリチュアルワードも連発。Ｉさんはスピリチュアルに関心がなかったので戸惑うばかりだったそうです。「ツインテールってどういう意味ですか?」と何度も間違えていたくらいで、意味をお教えしたら怯(おび)えていました。

他にも「お互いの目と目を見つめて瞳を感じましょう」とか「次元上昇と現実逃避しながら自分自身を守ってきました」「光と闇の世界の狭間のリアルストーリー」といったこじらせスピ系構文が連日送られてきたようです。私もスピ好きなので、男性のタイプを見極めて送る言葉を考えなければ、と自戒の念を抱きました。トーク相手の価値観やテンションに合わせるのも大切です。

サバサバ系、ウェット系、どちらも圧や念がこもっています。人様に負担を感じさせるおばさん構文にならないためにはどうすればいいのでしょう?

私が最近気付いたのは、LINEを送るとき、無になって浮かんだ言葉を書くと、そこまで押し付けがましくならない、ということです。相手をこうしたい、思い通りにしたい、自分の知識を教えてあげたい、という思いが入るとおばさん構文になってしまう……。できるだけピュアで無心な状態で書けば、きっと相手に素直に受け止めてもらえる内容になることでしょう。

このたびの教訓

LINEを送るときは過剰な思いは乗せず、無になって綴れば、そのとき必要なメッセージになります。

「繊細さん」の生存戦略

私、「繊細さん」かもしれません

最近「繊細さん」というワードが話題になっています。書店に行くと繊細さん関連の本が並んでいて売れているようです。繊細さんは専門用語では「ＨＳＰ」と表現され、Highly Sensitive Person（ハイリー・センシティブ・パーソン）の略。刺激や他人の感情に過敏に反応する人、という意味で、心理学者のエレイン・アーロン博士によって提唱されました。

この名称も人間としてハイレベルな印象で、繊細さんへの羨望の念すら抱きかけていたのですが、先日「幻冬舎plus」の記事で「ＨＳＰ自己診断テスト」というものを見つけました。脳科学医の高田明和（たかだあきかず）先生が、自身も敏感な気質に悩み、「ＨＳＰ」についての本や記事を執筆。ネットの記事のチェックリストは23項目あり、12個以上当てはまったら

「超過敏」だそうです。

・周囲の微妙な変化によく気がつくほうだ
・他人の気分に左右されやすい
・痛みにとても敏感である
・想像力が豊かで、空想にふけりやすい
・他人に対し、とても良心的である
・一度にたくさんのことを頼まれるのは避けたい
・空腹になると、集中できないとか気分が悪くなるといった強い反応が起こる
・子どもの頃、親や教師に「敏感だ」とか「内気だ」といわれていた

など……。

ちなみに私は17項目ほど該当して、これは「ＨＳＰ」と判断しても良いかもしれません。

ついに「繊細さん」ビジネスに参入できる！　と繊細さんに似つかわしくない貪欲な思いが芽生えました。

そもそも「繊細さん」とさん付けしている呼び名は世の中的にOKなのか気になります。自称するのに一瞬躊躇（ちゅうちょ）してしまいます。でも世の人がその呼び名にあまり突っ込みを入れないのは、「繊細さん」を批判すると傷つきそう、というイメージがあるからでしょうか。ちなみに「敏感さん」という呼び名もあるそうです。考えすぎかもしれませんが若干、性的な妄想を抱かれそうな懸念があります。

つい言ってしまう「すみません」の理由

関連の資料などを調べてみると、「HSP」の人は「自己評価が低い」「人に気を使いすぎる」「人の表情が気になる」「ネガティブ思考になりがち」といった生きづらさの要素があるそうです。たしかに、自己評価が低くていつも出版社に申し訳ないという思いを抱いているし、自分のことよりも相手の気分を気にしてしまったり、人の表情を見て嫌われているのではと思ったり、思い当たる部分が多いです。相手に気を使いすぎて、人に頼み事や相談事ができません。

ネガティブ思考についても、最近は日々の瞑想のおかげで少しましになってきましたが、連絡が取れない人がいると逝去されたのかも、と勝手に飛躍して考えてしまう癖があります。数ヶ月音信が途絶えただけで（○○さん、胃腸の調子が悪いと言っていたので、もしかしたら……。結局、お葬式にも行けなかった）と、負の妄想連鎖が止まりません。

逆にすごいごぶさたしていた人から連絡があると、急に昔の知り合いと会うなんて、私の死期が近いのかも……とネガティブな方向に想像してしまいます。もちろんHSPの長所として「情報を深く処理する」「完璧主義」「共感力が高い」「想像力豊か」といった点もあるようです。芸術家にも多いタイプだとか。

一度専門家の意見も伺いたいと思い、先日心理カウンセラーのカウンセリングを受けました。ご自身もHSPという優しそうな女性カウンセラーに相談。あらかじめ受診するクリニックのサイトでチェックリストにチェックを入れていたのですが、「『人に振り回されやすい』『光や音に敏感』など、HSPの項目に多くチェックがついているのでHSPの可能性が高いです」と診断されました。

HSPは先天的な気質で人口の15〜20パーセント存在するそうなので、もはや血液型くらいの率かもしれません。気苦労が多い人がそんなにたくさん存在しているとは……。

ちなみに私の場合、自分が悪くないのに「すみません」とすぐ謝る癖があり、そのこと

について聞いてみました。例えば一緒に歩いている人が道を間違ったら私の方が「すみません」と謝ったり……お店で物を買うときにもなぜか「すみません」と言いながらレジに持っていったり、人に何かプレゼントするときも「すみません」と気に入らない可能性を考えて先に謝ったり、常に申し訳ない気持ちが先立ちます。

その癖についてカウンセラーさんに相談すると、「相手が謝る気持ちに共感して自分が謝ってしまうのかもしれません。また、トラブルや争いが起きないように、何か起こったら自分が悪いと思えば、場が平和に保たれると思っているのでしょう」とのことで、納得しました。

さらに「自分が悪いと思ってしまう」癖は、子ども時代のできごとに起因していたようです。家族構成や家庭の状況について聞かれるうちに、子ども時代は父親の虫の居所が悪いとたびたびグーで殴られていたことを思い出しました。父の豹変した表情と受けた痛みが今でもフラッシュバックします。それも、父親が見ていた野球中継のチャンネルを変えた、とか、先に新聞を読んだ、といった理由で……。でも当時は自分はなんて悪いことをしてしまったんだろう、と罪悪感を覚えたほどでした。

「体罰は潜在意識にじかに影響を与えます。思っている以上に体で受けたショックは大きいです。叩かれた体験があると、自分の方がダメだとか悪いと思いはじめてしまいます。子どもは素直なので、怖い存在に対しては先に謝ろうとするんです」

とくに相手の立場が圧倒的に強い場合、自分が悪いという意識を刷り込まれてしまうそうです。大人になってから、すぐ自分が悪いとか至らないと思ってしまうのは、少女時代の体験が影響しているのかもしれません。父は完全に忘れているようですが……。お子さんをお持ちの方は、絶対にお子さんを叩いたり殴ったりしないように、この場を借りてお願いしたいです。

人との「境界線」を意識してみる

「ＨＳＰ気質が強いと今の社会は生きづらいんです。組織には合わないのでフリーで仕事されるのが向いてます。組織では思ったことをうまく言えなかったりしますが、じっくり考えると良い意見を持っているのがＨＳＰです」

と、カウンセラーさんはおっしゃいます。人の話を聞いて共感する心理カウンセラーも向いているそうです。

でも気になるのが、相手に共感しすぎてネガティブなエネルギーを受けてしまわないか、ということ。カウンセラーだととくに重い話を聞くことになりそうですが……。それについても伺うと、

「境界線を意識すれば大丈夫だと思います。まずは意識なんです。相手の話を聞いたあと、いろいろとその人について考えてしまうと、そのことに余計なエネルギーを持っていかれてしまいます。カウンセリング中は相手の境界に入りながら話を聞きますが、終わったら境界から出ることを意識します。相手にとらわれすぎず、ちゃんと意識を分けることが大切です」

人のちょっとした表情から相手の気持ちを読み取って気疲れしてしまう「HSP」
表情が硬い…私に気を許してないのかな それとも整形で筋肉が固まっているとか？
などと勝手に想像
他人の感情が気になりすぎるとエネルギーが吸い取られますが…
〇〇さんから連絡が来ないのは気を悪くさせたから？
モヤモヤ
相手の思いがテレパシー的に伝わることも
企画が通りました！
良い知らせがありそう
HSPが進化するとESPになると期待してます

と、具体的に教えてくださいました。ＨＳＰの人は相手と自分の間に境界線をうまく引けていないことが多く、そのため相手の感情を過度に気にしたり、頼みを断れなかったり、仕事を任せられなかったり、親の期待に沿って生きようとしたり、人に細かく注意をしてしまったり、といった弊害が起こるそうです。

人と自分の境界線を意識するには、まず「『私の感情』と『相手の感情』は別のもの」と思うことが重要です。「あの人を怒らせてしまったかも……」と気に病むのは、相手の境界に知らず知らずのうちに入ってしまっていることになります。自分の感情は自分がコントロールできるけれど、相手の感情はコントロールできません。どうにもならないことなら、気にしないで放っておいた方が良いです。今までもたしかに、自分の領域の一部を人に譲り渡して、相手に追従している感覚がありました。

生きづらい「繊細さん」が心がけたいこと

逆に、人の言動でこちらの感情がざわざわすることも多いです。例えば私は友人や知人に自慢されることが多く、以前も延々と夫の学歴やママ友との華麗な交流について自慢さ

れ、かなりエネルギーを吸い取られたことがありました。それもＨＳＰの気質が影響しているのか伺うと、

「ＨＳＰは、自己顕示欲が強い人の話をちゃんと聞いてあげるので、そういう人が集まってくる傾向がありますね。受け止めてくれると思われてどうしても変な人が寄ってきてしまう……。物理的に距離を置いた方が良いですよ」と、アドバイスしていただきました。変な人はときどきネタになる、とポジティブに捉えたいです。

また最近、「biz SPA! フレッシュ」の記事で「神経が鋭敏になる原因に脳の慢性炎症があることが考えられる」という説を目にしました。「炎症を引き起こしやすい食べ物」のリストを見ると、チョコレート、ケーキ、フライドポテトなど好きなものが入っていて、これらの嗜好品のせいで「ＨＳＰ」の症状が強くなっているのでは？と思えてきました。

カウンセラーさんに聞くと、

「糖質をとりすぎたからＨＳＰの症状が出たというより、脳にストレスを感じやすいから甘いものを食べてしまうのかもしれません。ちょっとしたことで悩んだり、やるせなくなってしまう人はお酒で解消しようとする傾向もあります。適度な睡眠と運動が大切です」とのこと。規則正しい生活、野菜中心の食事、適度な運動など基本的なことを心がけた

いです。
「繊細さん」としての自分を自覚して生きていたら、正反対の「鈍感さん」が気になってきました。「繊細さん」と「鈍感さん」、お互い自分にないものを認め、平和に共存できると良いのですが……。敏感になりすぎたら、「鈍感さん」の生き方を少し見習いたいです。

このたびの教訓
人にエネルギーを奪われやすい「繊細さん」は、「鈍感さん」の図太さも時には参考に……。

ＳＮＳで自分を見失わないためのメモ

コミュニケーションは安全に

最初のうちは、知り合いがたくさん住んでいる街に迷い込んだみたいで楽しかったです。話題の音声ＳＮＳ「クラブハウス（Clubhouse）」を始めたのは２０２１年１月の終わり頃。ブームの盛り上がりとともにしばらくハマっていました。実生活で人と集まる機会がほとんどなくなり、マスクを外して飛沫を飛ばしながらトークもできないこのご時勢、声だけでスマホやタブレットごしに安全にコミュニケーションできるＳＮＳは貴重です。

ただ、使えるようになるまではいくつか関門がありました。友人から招待するというＬＩＮＥの知らせが来て、急いでスマホで「Clubhouse」を検索し、同名アプリをダウンロードしたら全然関係ないＳＥ向けの「プロジェクトマネージメント」アプリでした。もう一個「The Clubhouse」というアプリをダウンロードしたら、ミーティングルームを予

約する海外のアプリでした。
どうやらアンドロイドにはまだ対応していないことが判明（2021年1月当時）。アップストアからはダウンロードできるとわかり、iPadに無事にインストール。登録したら、なぜか招待してくれた友人と別の人の名前が招待者の欄に入っていたのですが、同時に招待してくれていたのでしょうか。何にせよありがたいことです。
英語オンリーなので、使い方も最初のうちは試行錯誤でした。プロフィールなどを入力してさっそくスタートすると、フィードと呼ばれる画面に、その日のトークルームがいくつも表示されます。フィードには今、会話がなされている部屋がいくつか並んでおり、登壇しているスピーカーのアイコンと、聴いているオーディエンスの人数が表示。

日本と海外のルームが交ざっていて、タイトルと人数が表示されているので好きなものをクリックすると、オーディエンスとして参加できます。

果てなきマウント合戦

トークルームに入ると3つの階層があります。実はヒエラルキーが存在している世界です。一番上にいるのが、ルームを作ったモデレーターと、トークをしているスピーカー。次の階層にいるのがモデレーターやスピーカーにフォローされている知り合い的な人たち。その次の階層が、「その他大勢」です。フォロワーが少ないと、いつまでも「その他大勢」に……。

基本、トークできるのは一番上の階層の人だけですが、一方通行ではなく、挙手ボタンを押して選ばれて引き上げてもらうと自分も一緒にトークに参加できます。挙手ボタンを押さなくても、選ばれて引き上げられることもあります。大勢の中から選ばれたい……と、上昇志向を刺激するSNSです。

選ばれるには、写真をクリックすると出てくるプロフィール欄でアピールするしかありません。海外の、有能そうな人の写真をクリックすると「ＣＥＯ」「ＣＯＯ」「ＣＴＯ」「Founder」「Community builder」「Early stage investor」など、すごそうな肩書きが出てきて圧倒されます。

日本のクラブハウサーもその文化に感化されてきたのか、最近はプロフィール欄での肩書きマウントが激しくなっているようです。「ＮＰＯ理事長」「ＮＧＯ事務局長」「4社代表取締役社長」「5社経営ＣＥＯ／ＣＭＯ」と、何かの長であることをアピールする人。「市長」もいました。

あとは「売上6億円達成したＷｅｂマーケティングコンサルタント」「広告費ゼロで起業1年目で1億２０００万経営コンサルタント」など億単位の金額を書いている人も見かけます。あとは「ストラテジックディレクター」「スタートアップ」「アクセラレーター」「インタープレナー」「スーパーイノベーター」と、素人には意味不明なカタカナの肩書きも多いです。「デザイナー」「カメラマン」「エディター」など自分の周りの業種がすごくわかりやすい名称だったと気付きました。

「連続起業家」という謎の肩書きや、「クラブハウサージャパン　上級メンバー」と新たな身分制度を作っている人も。もう言ったもん勝ちの世界です。新しいＳＮＳなので、早く他の人より上に行きたいという野望が渦巻いています。フォロワーの数が１ｋ（１０００）人以上いないと、優位に立てないという空気も醸造されつつあります。最初のうちは、お互い無言でフォローしてフォロワー数を稼ぐという「無音部屋」も散見されました。

ＳＮＳは意識の格差社会？

声が大きくて、友人知人やフォロワーが多い人が影響力を持ち、ルームに人を集めている印象です。また、この人が有名な人たちとルームをやっている……と、入るのに気後れしながら眺めていて、フラッシュバックしたのは小中学校時代の自分。クラスの片隅で人気者グループを羨ましそうに眺めていたときとマインドが変わっていません。大人になってまた、人気者の勢力図を目の当たりにすることになるとは……。彼らの目に留まるようにプロフィール欄でアピールしなければ、という思いが芽生えかけました。

「有名そうな人をフォローしてトークして仲良くなることで成り上がれる」というコツも耳にしましたが、なかなかそこまでの気概がなく……。ＣＥＯでもないし、自分は何者でもない、と謙虚になれるＳＮＳかもしれません。

新しいＳＮＳにいち早く参加しただけあって、意識が高い人々も多いです。クラブハウスは、意識の格差社会なのかもしれません。ダイバーシティとかインキュベーション、ステイトメント、エクスペリエンスといったワードが飛び交っていました。

オードリー・タンがスピーカーとして参加したトークルームに行ったら、オードリー・タンが抜けたあと、ほとんど日本人なのに皆さん流暢(りゅうちょう)な英語で会話していました。とりあえずオードリーの知的な生声を聞けたのは良かったです。ＩＱが１くらい上がった気がします。

ニセモノと本物を見分けるには

先日、情報番組の街角インタビューで若者にクラブハウスについて聞いていました。クールな若者たちは、

「もういいかなって。飽きが出てきた」

「最初の１週間だけやった」

「この時間、別に使った方が有意義かな」

クラブハウスの意識高い系ルームにアウェイ感を覚え
ユーザーエクスペリエンスが…
インクリュージョンして…
マネタイズを…
起業家対談ルーム
ルームを立てたら人が来ず…
しーん…
和歌山アドベンチャーワールドで生まれたパンダの名前を考える部屋
結局自分にとって一番楽しい使い方は、会話の盗み聞きだということに気付きました
有名人のマネージャーをやってたんですが人間的に終わってて…
ワクワク
誰のこと!?
マネージャーやってた人
いつもカフェとかでやっていることです。
無理をせず身の丈に合った活用法で…

「とくに話したいことない」

などと語っていました。クラブハウスはハマる人と、距離を置く人の二極に分かれそうです。意識高い系の人々の部屋に入ってしまい、苦手意識を抱いて去っていく人も少なくなさそうです。

私も最初は無理して意識高い系ルームに入ったりしていたのですが、意識が上の部分と下の部分で分離を起こして金縛り状態になりそうだったので、身の丈に合ったルームを探すことにしました。

トークルームを見てみると、ハードルの高い部屋ばかりではありません。例えばある平日の夕方に開かれていたルームは……今日の夕飯は何にするか話し合う部屋、占い師が相談を受け付けている部屋、打楽器奏者が解説しながら演奏する部屋、NPOに関わる方法についての部屋、女性起業家の集まり、投資の始め方、好きな映画について語る部屋、プロレスの生中継、など。堅いものからゆるいものまでいろいろあります。

自分も友人とトークルームを作ったことが何度かありました。私がスピーカーやモデレーターとして参加したルームは、人があまり集まらない傾向に。多くて数十人くらいです(人気の人は何千人も集めます)。

先日は、和歌山アドベンチャーワールドのパンダの赤ちゃんの名前を考えるというテーマのトークルームを立てたのですが、1人しか来てくれませんでした……。その1人（アナウンサーの女性）とはディープな話ができたので良かったですが、自分の集客力のなさを痛感。人を集めるためには、いろいろなトークルームに入ってスピーカーに選ばれたりして地道にフォロワーを増やしたり、認知度を高めるのが良いようですが、なかなかそこまで手が回りません。

自分の能力的にも積極的に活動できないので、受け身で興味を引かれたルームをチェックする日々。前述のオードリー・タンをはじめ、セレブの声を聞けるのは（英語がわからなくても）貴重な体験で、耳から良いヴァイブスを吸収できます。ナオミ・キャンベルの貫禄と経験値漂う声、トリー・バーチの成功者感あふれるエネルギッシュな声などを聞けて感無量でした。セレブは感謝や愛などポジティブなセリフを頻繁に発することがわかりました。

セレブ以外でも、人の声には人柄や教養度、ポテンシャルなどが表れるようです。教養を秘めた内向きの声、噂好きな人の浮ついた声、余裕漂う成功者の声……聴覚を鍛えられるSNSです。狭い世界で、肩書きを盛った人たちのマウント合戦に疲れたら、本物のセレブの声を聞くことでポジティブなエネルギーを分けてもらえます。

このたびの教訓

意識の格差社会で自分を見失いそうになったら、本物のセレブの声でエネルギー充電。

マッチョビジネス全盛期

「ナイスバルク！」

「キレてるキレてる！」

「背中に鬼神が宿ってる！」

「腹筋６ＬＤＫかい！」

コロナで健康不安がつのる中、筋肉をホメたたえる「マッチョ音声」に励まされました。文字通りパワーワードの数々。マッチョボイスには女性ホルモンを活性化させる効果が期待できそうです。

そんなマッチョ音声やマッチョのシュールな写真素材を集めたコンテンツ「マッスルプラス」が話題です。先日制作会社の人とコンタクトが取れたので、今の時代だからこそ求

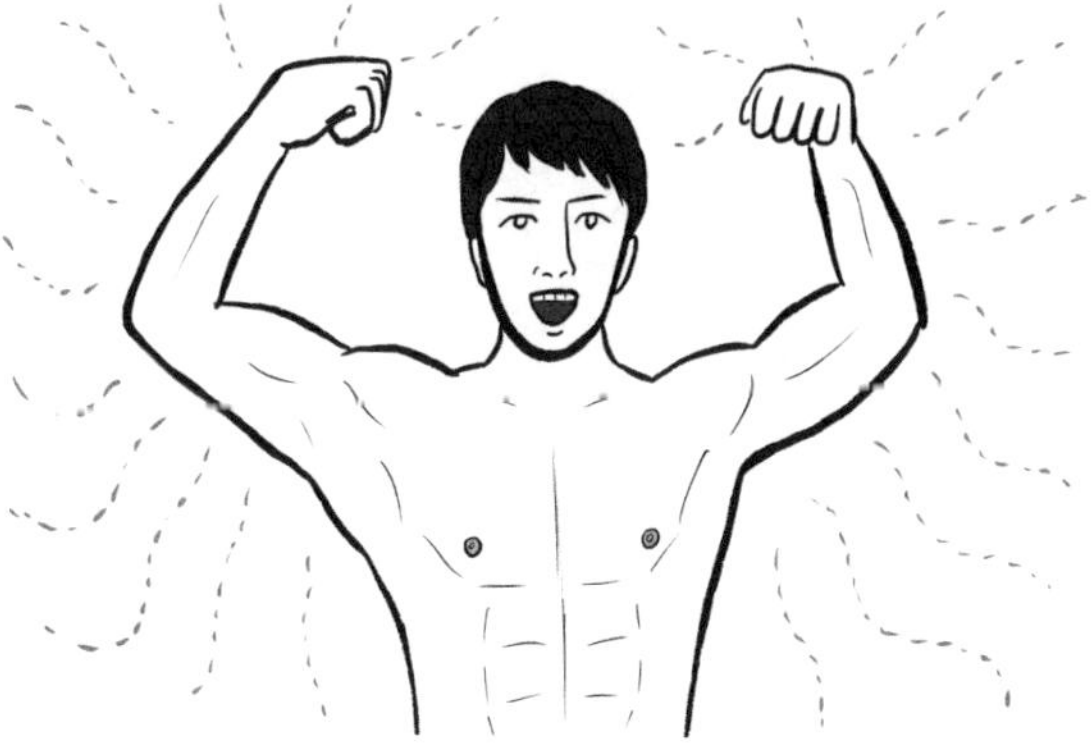

められている筋肉の大切さや、マッチョ処世術について取材させていただきました。
　待ち合わせ場所のカフェに現れたさわやかな男性は、株式会社スマイルアカデミーのＡＫＩＨＩＴＯさん。マッチョを５００人以上抱えているマッチョ専門の企画会社だそうです。私もかつて「マッスルカフェ」や「マッチョかき氷」など数々のマッチョイベントに伺ったことがありました。
「マッチョかき氷」はタンクトップ姿のマッチョなイケメンが「サイドチェスト、抹茶チェスト〜！」などと叫びながら、プロテイン入りのシロップを飛び散らせ、ワイルドに氷を削っていたのが印象的でした。「マッチョカフェ」は大人気でひとりで数時間並んでやっと入れた思い出が……。
　でもＡＫＩＨＩＴＯさんに聞くと「それは別の会

社かもしれません。ただ、現状マッチョで生き残っているのはうちしかないです」とのこと。あのときのマッチョな方々は今お元気なのか気になりますが……。コロナ禍を乗り越えているＡＫＩＨＩＴＯさんにぜひポジティブマッチョな生き方を伝授していただきたいです。

ポジティブの原動力

「全人類筋トレすべき。デメリットはなくて、ポジティブな要素ばっかりなんじゃないかと思ってますね」と、ＡＫＩＨＩＴＯさんはおっしゃいます。

以前、スポーツトレーナーの人に「人生、筋肉が全てです！」と言われたことがあります。つい心配したりネガティブなことを思ってしまう私は筋肉不足なのかもしれません。少しの時間ですがヨガやストレッチをしている間はネガティブな思いが浮かばないような気がします。

「ネガティブなマッチョは見たことないですね。トレーニング中はポジティブです」と、ＡＫＩＨＩＴＯさん。でもご自身も昔は痩せていて筋肉も薄かったとか……。

「小さい頃は低体重児で小児ぜんそく持ちで、体もガリガリで、小学校のときは病弱でした。コンプレックスが強くて、大きくなりたい、強くなりたいと思っていて、陸上競技を始めたんです。その後、筋トレも本格的に始め、体も徐々に大きくなっていって、体が変わってくると自信が持てるようになる。自信が出るといろんなことに対してポジティブにのぞめるんです。人生も好転してきました」

筋肉がポジティブシンキングの原動力。鍛えて筋肉を追い込むトレーニングはやりがいがある半面、キツそうです。

「ハードなのはハードなんですけど、それも効いてるって感覚があるんでやってます。追い込んだぶん成長する。そして性格も運気も改善されます。うまくいかなかったり凹んだりすることはもちろんあるんですけど、無心で追い込むとすっきりして、ま、いっかと思えますね」

ほぼ毎日筋トレしていて、年末年始もクリスマスも筋トレしているというＡＫＩＨＩＴＯさん。仕事としてパーソナルジムを展開し、毎日公私ともにトレーニングの日々です。

「背中の日、脚の日、部位ごとに毎日分けているのですが、脚のトレーニングがめちゃめちゃハードでちょっと憂鬱なんです。吐きそうなくらいになるんで。そんなキツいことを毎週やっているんで、これよりキツいことはそうそうないだろうって。ま、いっかってなります」

参考までに……と言っても絶対やらないですが、どんなトレーニングをされているのか聞いてみると、

「バーベルやダンベルを担いでスクワットとか。脚の筋肉量は全身の中でも多くを占めるので、稼動させると酸素がかなり使われて苦しいし、乳酸量が増えて気持ち悪いんです。ヒップアップにはかなり有効ですが」

女性としてヒップアップには興味がありますが、ダンベルを担いでとは、リスクがかなり高いです。

「ダンベルの重さは20キロ×2で40キロです。大腿四頭筋が鍛えられますが、正しいフォームでやらないとぎっくり腰になる危険も」

バーベルやダンベルは持たないまでも、故・森光子さんがスクワットをされて老後も足腰を鍛えていたことを思うと、スクワットはやっておいた方がいいということでしょうか。テレビなどでスクワットのやり方などを見てちょっとまねしたりするのですが一日で忘れてしまいます……。

食事や健康管理ができていて
老後も何かと頼りになりそう
なマッチョ男子
健康に悪いことについてアドバイスできると思います
女性にとってパートナーとして理想的かもしれません
ケンカも強そうですが……
マッチョは優しい人が多いのでケンカしません
と、人格者でもあります
マッチョ男子はモテそうですが、筋トレが生活の中心になって、女性に対して時間をかけなくなる傾向も……
その腹筋の間取りに住みたい！
マッチョ男子の心を射止めるにはかけ声のボキャブラリーを増やすのが良さそうです

「老後、筋力の低下で足腰が弱って動けなくなるので、予防するためにもスクワットくらいは続けられる方がいいと思いますね。ふだん運動していないと姿勢や筋膜が固まっているので、ストレッチポールなどに乗ったりして筋膜リリースをしてあげるといいですよ。しっかり日頃から運動していった方が、老後、認知症も防ぎやすいです」

「老後」の話がよく出てくるのは私が年齢感を漂わせているせいでしょうか……。

「筋トレすればＧＤＰが上がります」

するとＡＫＩＨＩＴＯさんは「筋トレすればＧＤＰが上がります」とまたパワーワード的なことを言い放ちました。

「労働人口が減少し、内需が減って経済が停滞している現状があります。人口減少を防ぐことはできなくても、高齢者の寿命は延びているので、健康寿命を延ばせば良いのです。40代を超えると疾病のリスクが増えてきます。40代50代になる前から運動し、食事の管理をすれば、病気のリスクを下げられて、労働力を担保しやすくなります。70代80代になっても働けるスーパーシニアを増やせばＧＤＰが上がります」

たしかに寿命だけ延びても、健康寿命が短いと働き続けられないので、老後の貯蓄が心配です。筋肉を鍛えれば若者に交じって働けるかもしれないと希望がわいてきました。

「筋トレすることでポジティブになって仕事にも良い影響を与えられます。ただ日本人はフィットネスジムに行っている人の割合がめちゃめちゃ低いんです。アメリカは2割ですが日本は2・3パーセント。少子高齢化なのにフィットネス人口率が低いのは良くないです。大それたことですけど、僕はフィットネス率を上げて経済活動の活発化につなげたいと思っています」

コロナ禍でますますジムに行きにくい現状がありますが、最近はオンラインでも指導を受けられたり、YouTubeにトレーニング方法が上がっていたりするので、気軽に始められる風潮に期待したいです。

いっぽう女性も男性も30代を超えてから体型が崩れてきたりして、あきらめモードになる人も多いと思いますが、ＡＫＩＨＩＴＯさん的には、体型を全く気にせず運動もしない人をどう思われているのでしょう……。

「強制は全くしないけど運動した方がいいなって思いますね。健康上のリスクが高まって病気になってしまわないかなって心配です。しっかり運動してる人としてない人では、見た目年齢も差が開いてしまうように思います。マッチョはターンオーバーが活性化しているからかお肌がきれいな人も多いです。僕は運動だけじゃなくて日頃の食事も制限してます。ごくたまにスイーツとか食べたりしますが3日位続けて食べると気持ち悪くなってくる。たまにピザやパスタも食べますが油が気持ち悪くて受け付けられなかったり。それを日々溜め込み続けてるのは大変だろうなって気がします」

それを聞いて、昨日はパスタやロールケーキやクッキーを食べて甘いラテを飲んで、今日もクッキーと甘いドリンクとコロッケと菓子パンとパスタを食べている自分は相当悪いものを溜め込んでいるというか、歩く脂質女なのかもしれないという気がしてきました。

「糖質はGI値（食後血糖値の上昇を示す指標）が低いものを選んだり、トレーニング前後にとるなど摂取するタイミングに気を付けています。どちらかというと洋菓子より和菓子が脂質が少ないので、和菓子を食べることはありますね。よく食べるのは胸肉、魚、豆腐、納豆、ブロッコリーなど。唐揚げやコロッケとか揚げ物は食べないです。脂質をとるなら魚かナッツ。プロテインはトレーニング後に摂取します。はじめはちょっと辛かったけど、この生活に慣れてしまって今は苦にならないです」

と、ＡＫＩＨＩＴＯさん。マッチョ男子はストイックです。ちなみにお米の場合、あったかいごはんよりも冷めてるおにぎりの方がＧＩ値が低いそうです。あえて冷や飯を食う……すごい精神力でもはやマッチョの「Ｍ」はＳＭの「Ｍ」に思えてきます。

「お酒はプラスにはならないので、あまり飲まないですね。アルコールをとりすぎると筋肉分解するリスクがあるので。僕の周りでもトレーニングやってる人は飲まないです」

世の中の享楽的なライフスタイルとは無縁のマッチョ男子。楽しみはというと、やはり自分の筋肉が育ってきたのを実感するのが一番の快感なのかもしれません。

「その腹筋で流しそうめんやろう！」

ボディビル大会では、筋肉をホメるかけ声が飛び交っていて、そのかけ声がマッチョ男子のモチベーションと快感を高めているのでしょう。「キレてる！」「ナイスバルク！」というのはよく聞きますが、おもしろいかけ声を聞いてみました。

「『大胸筋が歩いてる！』とか、『冷蔵庫！』『足がゴリラ！』というのもあります。すごいデカい感じです。『そこまで絞るには眠れない夜もあっただろ！』という長いかけ声も。『背中に鬼神が宿ってる！』『背中にクリスマスツリー』『肩メロン収穫祭だ！』という、筋肉の形にちなんだかけ声もあります。腹筋がボコボコに割れている人に『その腹筋で大根おろせそう！』『その腹筋で流しそうめんやろう！』というのもありました」

すごいワードセンスで、筋肉を鍛えると発想力も高まるのでは、と期待させられます。筋肉は人生でもあり、芸術でもあります。

「十数年かけて作り込んでいくので、どんな造形物より時間がかかってる。それを仕上げることは芸術の一つかなと思ってます」

人生のやりがいを見失ったら、筋肉を鍛えたら良いのかもしれません。全ての希望が筋肉には宿っています。筋肉のポテンシャルを信じてコロナ禍を乗り越えたいです。

マッチョのパワーワードに感化されて、かなり久しぶりにパーソナルストレッチのジムに行って、なまった体を鍛えてきました。小一時間体を動かしたら、次の日頭痛と吐き気でダウン……。やはり悪いものが溜まりすぎていたようで、常日頃の運動が大切です。

このたびの教訓

筋トレすると、ポジティブになって老後も安心。筋肉は裏切らない。

大人生活のリテラシー

謝罪の流儀

謝罪体験を昇華するには

つきつめれば生まれてきてすみません、ということなのかもしれませんが、ときどき謝罪したい衝動にかられることがあります。

些細なことでは、LINEでのやりとりでキツく受け取られる発言をしてしまったとき。「配慮が足りなかったです。すみません、反省します」と謝りながら一種のカタルシスを感じていました。相手が受け入れ、許しを与えてくれたことで心が落ち着きました。謝罪に何のリアクションもないと、悶々（もんもん）としてしまいます。

最近は、謝罪の手紙を書く機会もありました。ネットで謝罪文の書き方を検索し、失礼にならないように気を使いました。原稿で、取材者のインタビューの言葉をそのまま書き記して掲載したところ、それがある団体のポリシーに反することだったらしく、先方がか

なり怒っているという情報が伝えられ……。

しばらく落ち込んでいましたが、何もしないままでは良くないと思い、筆を執りました。メールだと、何か不始末があっても気軽に「大変申し訳ありませんでした」と書き送ってしまいがちですが、手書きだと、メール文よりも一文字一文字に思いがこもり、謝罪の気持ちが先方に伝わるような感覚がしました。「このたびは、誠に申し訳ありませんでした」と涙をにじませながら、誠心誠意書いて送ったのですが、数ヶ月経っても何の音沙汰もなく……。

こうなると受け止めてもらえなかった謝罪のエネルギーが体中をグルグル回って体調に悪影響を及ぼしそうです。企業のクレーム対策の実例で、相手を怒らせたとしても真摯に謝罪することで、お客と前よりも友好的な関係を築けると聞いたことがあります。
私の場合は何の返答もなく、謝罪をスルーされた、ということは、もう関わらないでくれ、と言

われているようで切ない一件でした。

「不徳の致すところ」にもやもや

大昔、芸能人についてのコラムで芸能事務所に呼び出され、黒スーツの人々に囲まれて詰められて謝罪した怖い思い出がありましたが、また謝罪のトラウマがさらに加わった感があります。もちろん最初に自分の不手際や落ち度があったことが原因ですが、恐怖やルサンチマンによって謝罪が黒歴史になってしまいます。やはり、相手が受け止めてくれて、許してくれることで謝罪体験はポジティブに昇華できるように思います。そしてそれが心からの反省とさらなる成長につながるのでしょう。

最近は、何かやらかした企業や会社、有名人がテレビで謝罪するケースが多いです。自分には無関係なことと思いながらも、そんなとき、気になってしまうのが「不徳の致すところ」というワード。格調高い言葉でプライドを傷つけずにうまくごまかしている印象が否めません。

例えば、失言をした政治家、不倫が発覚した芸能人、献金問題を指摘された政治家、飲酒運転した市役所職員など、昨今の例を見てもプライドが高そうな人が多いです。不徳の内容を具体的に説明していなくて、ずるい印象を与えます。同様に、マスクをつけて表情を隠して謝罪するのも誠意があまりない印象です。

逆に、先日の東京証券取引所のシステム障害のトラブルでは、社長をはじめスタッフが謝罪していましたが、マスクをせずに顔を出して「共有ディスク1号機の故障が発生いたしました」と、明確に説明していて好感が持てました。謝りきった方が、謝罪する側ももやもやとした思念を解放できる気がします。

土下座のカタルシス

そう思うと、一番謝る側も謝られる側もカタルシスが得られてすっきりするのは「土下座」ということになるのでしょうか。数年前、劇団を舞台に女優同士のいざこざで土下座させたとかいうニュースがありましたが、不本意な土下座は禍根を残すことになってしまいます。土下座という本気のコミュニケーションによって、良い関係になるのが理想的です。恨みながらではなく、無心で謝った方が良さそうです。また、知人でMっぽい男性が

「ふざけて土下座をしたことがある」と言っていましたが、Mっ気のある人にとってはプレイというか快感になってしまうこともあるようです。真摯でストイックな土下座が見たいところです。

そういえば、ドラマ『半沢直樹』でも土下座シーンが話題になっていました。まるで学級会のように「皆に謝ってください！」と謝罪を強いるシーンがたびたび出てきて、日頃鬱屈した思いを抱えている視聴者も謝罪や土下座を見てストレスが解消されたのかもしれません。

大和田取締役に、頭取と幹事長への非礼をわびるように言われた半沢が、大和田から押さえつけられ無理矢理土下座をさせられそうになったけれど屈しなかった激しいシーンも話題になり、土下座は大きな意味を持っていて簡単にはできないことを思い知らされました。最終回では、巨額の不正融資をしていた箕部幹事長が、半沢や白井大臣に「この国で懸命に生きる全ての人に心の底からわびてください！」「幹事長、やりなさい！　国民のために！」と詰められ、高速で土下座して立ち去るシーンが印象的でした。「この国で懸命に生きる」視聴者も溜飲が下がったことでしょう。

「半沢直樹」を観て
土下座はドラマの中
だけだと思っていました
心の底から
わびてください！
でも元銀行の支店長
に話を聞いたら
土下座？
させたことあるよ
と普通にお答えに
バッ
その後、その部下は
出世したとか
無心で土下座すると
大地のエネルギーを
吸収しパワーアップ
できるのかもしれません

銀行員流「本気謝罪」のマナー

ところで実際、銀行で「土下座」という風習はあるのでしょうか。先日、友人関係の宴会で、元地方銀行の支店長だったという紳士と話す機会がありました。優しさと厳しさを併せ持った雰囲気のS氏は空手をたしなんでいるそうです。もしかしたら銀行で土下座を見たことがあるかも、と思い、聞いてみました。S氏は『半沢直樹』を観ていなかったそうで、なんで突然土下座の話題？　という感じでしたが、「土下座？　させたことあるよ」とさらっと答えられました。

やはり銀行で土下座はあるのかと戦慄。「やっちゃいけないことをやって嘘ついたからね。支店長の席の横に『座れっ！』て皆の前でガーッて言って土下座させた。靴をはいてたので靴を脱げ！　ってね。土下座のときは靴は脱がないと」と、鋭い眼光で当時を思い出すS氏。

土下座は靴を脱ぐべき、というルールも教えていただきました。「元気がよすぎる奴だったね。土下座させたときの本気の気持ちが伝わったのか、そいつがブロック長に選ばれたとき、いの一番で俺のところに来て『ありがとうございます！　支店長のおかげです！』ってお礼を言ってきたよ」

土下座した部下は、土下座の反動か今はかなり偉くなっているようです。S氏いわく「本気でこいつを正してあげたい、という思いが伝わったんだろうね」とのことで、土下座は愛のムチのような意味があるようです。

「お客さんに土下座されたこともあるよ。こっちがしろって言ってないのに勝手にされた。『助けてください！』って言われて。破産するところだったみたいで。でもあの土下座はポーズだったね」と、S氏はさらに語りました。土下座をすればなんとかなる、というわけではないようです。特殊なケースかもしれませんが、実際に銀行でガチ土下座の場面があったとは。

貴重な土下座エピソードを聞いて、土下座はディープなコミュニケーションでボディランゲージなのかもしれないと思いました。本気の土下座を経ることで絆が強まります。私はできれば土下座するほどの不祥事は避けたいですが……。

このたびの教訓

謝罪も一つのコミュニケーション。無心で謝罪することで、初心にかえってリセットできます。

「運命の出会い」にご用心

「ああ、あの人詐欺師だったんです」

コロナ前のホームパーティで、参加者の1人の美女が、男性と運命的な出会いをしたと語っていて、そのとき皆で祝福したことが記憶に残っています。

彼女は、「全ての趣味が合うんです。釣りやダイビングなどのアウトドア系から器まで」と語っていて、そんな運命の出会いがあるのか、と羨望の念を抱きました。ただ1人、その場にいた敏腕女性編集者だけが「全部の趣味が合うなんておかしいよ」と言っていましたが……。

ちなみに私の父も何度か不必要な高額リフォームを契約させられていたのですが、リフォーム会社の人が偶然同じ誕生日だとか言ってきて運命を感じたと語っていました……。世知辛い世の中なので、運命を感じさせられたらまず疑った方が良いかもしれません。

それから時が経ち、先日その女性と少人数のホムパで再会。「そういえば前回のホムパで、運命の男性と出会ったたって言ってましたよね。その人とはどうなったんですか?」とつい聞いてみたら「ああ、あの人詐欺師だったんです。カンパーイ!」とグラスが合わされ、吹っ切れたように笑う彼女。

いったい1年半の間に何があったのでしょうか。今警察が動いているとのことで、あまり詳細は書けませんが、結婚詐欺に遭った上、その男性に仕事も頼んでいて、諸経費を含めて1500万円を失ったそうです。かなりの大金ですが、詐欺師X氏は他にもたくさん詐欺をしていて男性相手には投資詐欺、女性相手には主に結婚詐欺で総額2億円をだまし取って、逃亡しているとか。

転んでもタダでは起きないタフな彼女は、「レジリエンヌ・ベラ」というペンネームで、インスタやツイッターアカウントを開設。その体験を漫画にして発表していくそうです。レジリエンヌさんの活動を応援しつつ、今回は詐欺師男性の特徴や手口を伺い、後学のためにまとめさせていただきます。

職業：「運命の相手」

出会いはマッチングアプリ。X氏は50代でプロフィールに「バツイチ　経営者　年収1500万円」などと書いていました。誠実そうなメッセージでLINEに誘導されて、そこでのやりとりを経て会うことになったレジリエンヌさん。

待ち合わせ場所にドキドキしながら向かうと、そこにいたのはシャツのボタンを4つくらい開けて、靴下がやたら派手で、某有名高級ブランドのティアドロップ型サングラスをかけた見るからに怪しい男性。ティアドロップ型サングラスといえば稀代の結婚詐欺師クヒオ大佐もそんなテイストのものをかけていたような……。

ともかくX氏の姿をひとめ見て帰りたくなったレジリエンヌさん。女の直感はだいたい当たりますが、その直感をフリーズさせ思考停止状態にさせるほどX氏の押しが強く、「あなたのような女性を10年探していました」「君こそ運命の女性だ！」などと時には涙ながらに説得。レジリエンヌさんの心の隙間に入り込んできたそうです。

最初の悪趣味なファッションも、次はTシャツにジーパン、黒ぶちメガネといういいお兄さん風スタイルに全身イメチェンしてきて（しかも手には花束）、レジリエンヌさんの心は動かされました。そしてついに交際することになり、アウトドアの趣味にもX氏は器用に合わせてきたそうです。詐欺師は臨機応変に対応できる能力を持っています。

ちなみにレジリエンヌさんの趣味についてはSNSなどで綿密に下調べしていたという説が。「この器、僕も持ってる」とか言ってきて運命感を盛り上げてきたそうです。

しかしX氏が一緒に暮らすために持ってきた大量の段ボール箱から異様な負のエネルギーが漂っていて、家の気が澱(よど)み、一気に居心地が悪くなったそうですが、箱の中には今まで騙(だま)した人々の資料が入っていたことがあとで判明。「仕事の資料だよ」と説明していたそうで、ある意味嘘ではなかったですが……。資料をファイリングして保管するなんて几帳面で、ちゃんと堅気の仕事を続けていたら成功したかもしれません。

詐欺師男子のチェックリスト

ここでレジリエンヌさんと仲が良く、私とも共通の友人であるYさんとMさんのご夫婦の話も紹介させていただきます。実際に何度もX氏と会ったことがあるそうですが、印象を伺うと……、

Yさん「目が笑っていなくて、何とも言えないいやしさがにじみ出ていました」

Mさん「うなずき方が激しくて爬虫類みたいでした。とらえどころがなく、イラッとさせられます」

Mさんのカンは当たっていたようで、後日レジリエンヌさんが有名な占い師にX氏の写真を見せると、「ワニの霊がとり憑いている」と言われたそうです。獲物に食らいついたら離れないワニの執拗さ、X氏に通じるものがあります。この話を聞いて「１００日後に捕まるワニ」とか言って盛り上がりました。

他に詐欺師男子の特徴についてレジリエンヌさんに伺いました。もしパートナーや彼氏に半分以上当てはまっていたら要注意かもしれません。

・サングラスを愛用
目の動きや表情を隠すための詐欺師のマストアイテムのようです。

・歩くのがやたら速い
あとで知ったそうですがX氏は探偵とヤクザに何度もあとをつけられたことがあり、常に誰かに追われているという意識があるのか、かなりスピーディーに歩いていたそうです。

・家に入るときなど周囲をチェックする
ときどき家の周りを一周して、あとをつけている人や見張りの人がいないか調べてから玄関に入ることも。

・テレビを一日中つけっ放しにする
こちらは盗聴対策だそうです。会話を消すため音量が大きめだそうで迷惑な話です。コロナでステイホーム中、あまりにもうるさいので、レジリエンヌさんがやめてほしいと言っても聞いてくれず、ついには根負けしたとか。

・テレビで「警察24時」系の番組が流れたら即チャンネルを変える
やましいことがあるのか、自分の手口がバレると思ったのか、犯罪関係の番組は一切観ようとしなかったそうです。

・心がこもっていない感じですぐ謝ったり、嘘泣きする
「めっちゃ泣くんです」と、実際目撃したYさん。「これからはちゃんとします」と心にもないことを泣きながら言って、その場だけ乗り切ろうとします。でもときどき、ドラマを観て泣いたり、お母さんの思い出を語りながら泣いたりするので、一瞬良い人かも、と騙されるそうです。

・周りの人間関係を分断させる
レジリエンヌさんの友人や仕事関係の人にあることないこと陰口を吹き込み、関係を断絶、孤立させ、囲い込んでコントロール下に置こうとします。詐欺までいかなくてもこういう人、たまにいるような……。

・話を巧妙にすり替える

お金を奪って自分から逃げたのに、いつの間にか「追い出されたせいでうつになった」と自分が被害者であるかのように言ってきたというX氏。他の詐欺被害者にも「君が僕に喜んでお金を貸してくれたんじゃないか」と言っていたそうで、盗人猛々しいというか事実をねじ曲げすぎです。

また、このX氏の名前を検索すると、すでに詐欺師としてスレッドが立っていたそうですが、そのことについて突っ込むと「モテるから女性に恨まれる」「仕事で嫉妬されて足を引っ張られた」とか言いくるめようとしてきたとか。

・言い訳が意味不明

同じことをリピートし続けて相手を根負けさせるのが得意技。また、いつまでもマッチングアプリをやめようとしないことをレジリエンヌさんが咎（とが）めたら「アプリが癖になってるから」と意味不明なことを言ってやめようとしなかったそうです。論理が通じなくてエネルギーを消耗させられます。

SNSをチェックして趣味を合わせてきた詐欺師X氏
この器僕も持ってる
服のブランドも合わせてきたり…
高級ダウン
盗んだお金でやりたい放題X氏。某占い師によるとワニの霊に憑かれているとか…
「100日後に死ぬワニ」ならぬ「100日後に捕まるワニ」です
逮捕まで●日…
罪があがなわれることを祈ります
高い サーフボード

・悪人同士は憎み合う
魔界には平和がないようで、「詐欺師がバッティングしたことがありましたが、お互いにすごい嫌っていました」だそうです。詐欺師のバッティング、そんな修羅場があったとは……怖くてそれ以上聞けませんでした。

〝運命〟を信じるその前に

えげつない事実が次々発覚しながらも「もしかするとこの人は心を入れ替えようとしてがんばっているのかもしれない」と思って、すぐに縁を断ち切れなかったレジリエンヌさんですが、大金を目の前で持ち逃げされて限界に達したそうです。しばらくは眠れない日々を過ごしましたが、今は他の被害者の人々と協力し、警察にも動いてもらって、X氏も逮捕される見通しだとか。


こんな件があっても、人間不信にはならなかったというレジリエンヌさん。

「もう誰も信じられない、みたいなのはなかった。ただ疑う力はつきました」

騙された人は、その経験を糧にしてさらに強くなったり、人の痛みに共感できるようになったり、カルマを解消したり、人生経験値が上がるかもしれませんが、詐欺師の心に平穏が訪れることはありません。今もどこかで、盗聴対策でテレビをつけっ放しにしたり、後ろを確認したり、誰かに追われていないかビクビクしているに違いないX氏。それが一生続くと思うと、やはり悪いことはしない方が良いと実感させられます。騙し取ったお金は負の貯金として後世や来世に持ちこされることでしょう……。

このたびの教訓
運命を感じるよりも先に違和感を覚えたら、その直感を信じた方が良さそうです。

心の恐怖指数は乱高下

投資信託で増える白髪

米国株の投資信託を始めてから、めっきり老け込んだ気がします。

「これが今月の資産の状況です」

と、証券会社の人に手渡されるＡ４の紙に書かれた数字を直視するのが恐ろしく、目が自動的にピントを合わせないようにかすんできます。フォトショップのぼかしフィルターがかかったように。数字を読まないようにしているのに、「約20パーセントの下落です」と告げられ、さらに視界のもやが濃くなりました。


米国株が手堅くて利益率も高いと聞かされていたのに、オミクロン株で下がり、メタ株暴落の影響でＩＴ系の株も下がって「メタり人」の心境に。ロシアのウクライナ侵攻でさらに下落してしまうとは。今後バイデン米大統領の発言や米軍の動き、原油価格の高騰、

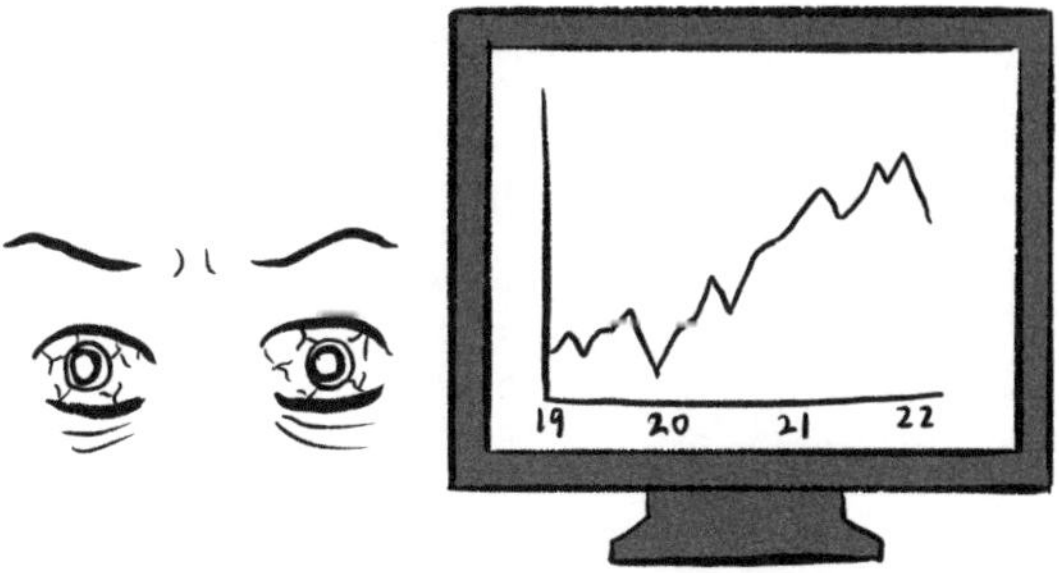

インフレ、ロシアの核兵器の使用などでさらに下がる危険性をはらんでいます。米国株の投資信託を始めてから、白髪も増えた気がします。

祖母の遺言を華麗にスルー

はじまりは２０２１年の10月頃。証券会社から電話がかかってきて、軽い気持ちで話を聞くことに。そこで、いろいろな円グラフや表を見せていただき、低金利だしこのまま普通預金に置いておいてもインフレになった場合、貯金は目減りしている、という話を聞いて老後が心配になってきました。

そして、海外では資産のうち、すぐに必要なお金以外のほとんどを投資や国債などの財テクに回している人が多いという円グラフを見せられ、さらに心が動きました。例えば2021年3月の時点での、米国の個人の金融資産構成は、現金・預金がわずか13・3パーセント。株式は37・8パーセントで投資信託は13・2パーセント、保険や年金が29パーセントという攻めている内容です。日本人の資産構成は現金と預金が54・3パーセント。保険・年金が27・4パーセントで株式が10パーセント、投資信託は4・3パーセント、という守りの姿勢で対照的でした。狩猟民族と農耕民族の違いでしょうか?

また、アメリカの有名な資産運用会社の資料を見ると、1973年の第一次オイルショックから2020年の新型コロナウイルス感染拡大まで、全世界の株式がどのように推移していったのか、グラフで表されていました。

ブラックマンデーやイラクのクウェート侵攻、リーマンショックなどで大きく下がった局面はあっても、長い目で見れば右肩上がりです。証券会社の人が「時間を味方につける」と言っていましたが、持ち続ければ上がっていく、と考えても良いのでしょうか。S&P500という、アメリカの代表的な500社の株価も、長期的に見れば上がり続けているそうです。

小刻みに鋭く上下しながらも上昇していく折れ線グラフを見ていたら、世界経済は人間のエネルギーや血や涙を吸って成長していくモンスターのように思えてきました。そしてその世界の株式のうち大部分を占めるのが米国株、とのことで投資信託の内訳も米国株が多くを占めています。

契約する直前にふと、心をよぎったのは、祖母の「株には手を出さないように」という遺言的な言葉。昔、祖母の生家は六義園の近くの大和郷という地域にあったそうなのですが、親族が株で財産を失い、その家を手放すことになってしまったと聞きました。でも、便利な投資信託なら熟練のプロが運用してくれるから大丈夫だろう、と思えてきて、インナー祖母の言葉をスルーして契約することに。一応、一粒万倍日にスタートするように手はずを整えました。

開始して1ヶ月ほどは好調でした。投資信託を始めて、世界でお金を回すことでお金のエネルギーが活性化し、金運も高まるのでは？　と期待していました。株価に影響がありそうな海外のニュースなどもチェックするように。他人事ではなく世界が身近に感じられます。

ただ、２０２１年12月にアメリカのケンタッキー州を猛烈な竜巻が襲ったとき、すぐ株に影響がないか調べてしまった自分は、人間の心を失いかけているかもしれない、と反省。

結局竜巻は米国株に影響しなかったのですが、変異ウイルスの「オミクロン株」が拡大したときは、株価が急落してしまいました。「オミクロンショック」と呼ばれる状況です。

このとき、焦ってロト6を購入。気功のセッションを受けた人が、この数字が来ると教えてくれて、その数字で買ったのですが、かすりもせず……。お金の問題はお金で解決しようとしても、ドツボにハマる、と学びました。

資産運用イベントで感じた敗北感

オミクロンショックで資産が減って不安が増大しはじめた頃、「資産運用ＥＸＰＯ」というイベントを発見。株式、不動産、保険などの投資商品が一堂に会する見本市です。会場は東京ビッグサイト。行ってみたらわりと混雑していて、コロナに感染しないか心配になりました。

通路に並んでいる、資産運用商品を扱う会社の方々が、「こんにちは~不動産投資です」などと言いながら積極的にパンフを渡してくれます。投資というと、株式とか不動産くらいしか知らなかったのですが、会場を回っているといろいろな商品があることがわかりました。

例えばカンボジアに２０２４年にオープンする大型商業施設に投資する案件。好きな国なので興味を引かれました。「蓄電池投資」というのもはじめて知ったジャンルです。自動車メーカーの蓄電池を再利用する投資のようです。チラシには「実質利回り６パーセント」と書かれていました。

気になったのはコンテナ温室でしいたけを育てて販売する、という投資です。「農業投資　しいたけで実質利回り10・８パーセント」という景気のいい貼り紙が。そこまで需要があるのでしょうか？　かなりの利率ですが、個人的にしいたけが苦手という問題が……。

他にもフィリピンやドバイの不動産投資や、株やＦＸを学べる投資スクールに誘導する、というビジネスも。副業についてのスクールのブースに立ち寄ったら、「自分に合った副業を見つけよう」という散布図がモニターに表示されていました。「勇気大」「資産多」なのが「不動産投資」「ＦＸ投資」などで、「勇気小」「資産少」が「ライティング」など……。自分の仕事がそのように位置づけられているとは。

さらに敗北感を高めたのは、入り口で配られた「無料ドリンク引換券」です。地図を見て配布場所を探したのですが何回回っても見つけられず……。これだけで少し損した気分です。

会場で最も熱気を感じたのはＮＦＴや仮想通貨のコーナー。若くして億万長者になったらしい男性たちがトークしていました。ロレックスらしき金時計をギラギラさせた茶髪の男性は、寿司屋で月収15万円で働いていたのが、ある仮想通貨を購入したら「一撃で2億円以上」の利益を出し、寿司屋を辞めたそうです。やりがい的には寿司屋の仕事も良かった気がするのですが……。

「仮想通貨は運です。一発当てればなんとかなってしまう」とのこと。市場はこれからも伸びていくことが予想されるそうです。今は投資についてのスクールを運営しているそうで、ＬＩＮＥ登録したらＮＦＴについての本がもらえると宣伝。人々が群がって本を受け取っていました。

そのスクールのブースでは「これからはメタバースで世界が変わります！」「ＮＦＴで個人が証明できるんです！」など、希望にあふれた言葉が聞こえてきました。ＮＦＴの本をもらったおじさんがひとり笑顔で読んでいました。不労所得への夢が広がります。しかし、オミクロンショックで資産が減っている今、リスキーな投資に手を出す気力はなく、何にも登録せず帰宅。

米国ドルの暴落でおそらく
4桁万円以上マイナスに……
そんなある日、街でこんな
看板を発見
犬探してます
懸賞金
500万円
ヨークシャーテリア
1歳
3キロ
飼主連絡先 0
500万円!!
犬用ちゅ～る持って
探しに行こうかな……
公園で犬を
発見する夢
まで見てしまいました
また、友人から高額な
イベントや商品のお誘い
を受けたときも……
3万円のスピリチュアル
セミナーがあるんだけど
今、米国株暴落で損失
がすごいから……
と、国際派な感じで断れ
ます。この方法で少しずつ
取り戻したいです

投資の果てに世界平和を祈る!?

そして2022年2月、今度は世界的に緊急事態な、ロシアによるウクライナ侵攻が勃発。原油高騰や利上げへの懸念も重なって、またもや株価が急落。もう怖くて今の資産を確認できません。有形資産よりも無形資産を大切にしたい……とかつぶやいて心の平静を保とうとしています。

株をやっている知人に「銃声が聞こえたら株を買え」という怖い格言を聞きました。そこまでの、松居一代さんのようなメンタルにはなかなかなれません。また、「VIX(恐怖)指数」という投資家の警戒心を表しているような指数が上昇すると、株の買い時という説もあり、通常は10くらいなのが、ここのところ30くらいまで上がっているそうです。やはり株式市場は人々の恐怖を吸収して成長している魔物なのでしょうか。

株式市場は悪魔が作ったのではないかと思います。本格的な戦争が始まってしまったり、プーチンが核兵器を使用でもしたら、さらに暴落、というか人類の危機で株価どころではなくなってしまいます。今は本気で世界平和を祈る日々です。世界の有事に一喜一憂して共感できるようになったのは、投資のおかげかもしれません。同じく米国株を保有している人々と共に、苦境を乗り越えていきたいです。

このたびの教訓

海外の株式を購入するとグローバル意識が高まり、世界のニュースを対岸のできごとと思えなくなります。多少損しても、学びの機会に……。

拝啓・損切りジェイソン様

米国経済にリセッション（景気後退）の影が……。

年末に向けて株式相場は回復するというＪＰモルガンのマルコ・コラノビッチ氏の予想を信じたいところですが、コロナ禍や戦争、インフレにスタグフレーション（景気停滞と物価上昇のダブルパンチ）の懸念もあり、まだ予断を許さない状況です（２０２２年末）。

証券会社で渡されたグラフを見ると、ナスダックもＳ＆Ｐ５００もガクッと下がっていて、１年前よりかなり低い値です。そして自分の含み損の金額もえらいことに……。この状態からＶ字回復することはあるのでしょうか。米国株を推していた厚切りジェイソン氏はもしかして損切りジェイソン氏になっていないか、とか様々な思いが去来します。証券会社の人は、今は想像以上に下がっていて、混乱期だと語っていました。

先日は、カフェで隣に座った男女が、投資で損している男性と、証券会社の女性、という組み合わせのようで、男性が独り言のように堂々巡りの不安を語っているのが聞こえてきました。

「毎日毎日気をもんでプラスマイナスゼロになるならやめた方がいい。でも1年2年で戻せれば平気だけど。今は下げ相場だけれど、落ち続けるってことはないと思うし……」

女性は男性をなだめるような口調で「そうですね」と相づちを打っていました。ちらっと聞こえてきて気になったのは、「証券会社では『損切り』は禁句なので言えない」ということです。たしかに「時間を味方につけましょう」と言われますが、損切りの話はまだ出ないです。また、顧客の中でも70代80代の富裕層は、下がってもあまり慌てていないとか。自分が亡くなるまでの老後資産はすでに確保していて、余裕の部分で運用しているのでしょう。それより若い40代50代の老後のことを見据えて投資を始めた人たちは、今の状況に焦りを感じずにはいられません。

私たちが投資で失敗してしまう理由

お金に関してプロの話を聞ければと、保険会社につとめる友人Aさんのつてで、某保険会社の営業所所長の男性にお目にかかりました。大学は経済学部会計学科でゼミでは証券市場論を学ばれ、サーティファイド ファイナンシャル プランナー（CFP）の資格も持っている、マネーリテラシーの塊のようなお方。若いのに投資用マンションや株（スポーツ系の会社や新興国の株）で着実に資産運用しているとか。保険会社の友人女性によると、講習会などではドSトークが炸裂しているとか。マスクごしには今風のイケメンに見えましたが……。

今、投資信託の含み損が大変だという話をすると、

「慌てるようなお金を株に投資するのが悪いとも言えますね。生活費まで投資には使わな

い方がいいです。何年か前、外貨建て保険がすごく問題になって。リスクをちゃんと説明できていなかった上、定期預金を全額入れさせるケースがあったんですよね。そうして10パーセントも目減りしたら不安になるのは当然です。1000万円のうち100万円ならそんなに問題にならなかった。資産は分割するのが重要です」

と、所長さん。投資を勧められるとき、海外では資産の半分以上運用してますよ、とか言われましたが、いきなり多額を投入するのではなく、細かく分割する方が安心かもしれません。

「私がいつもお客さんに話すのは、お金に限らずリスクを3分割してください、ということ。貯金は、短期、中期、長期で分けましょう。短期は、急な出費などに対応する、ないと困るお金。お財布や銀行の普通預金です。中期は、5〜10年、目的があって貯めておくお金。旅行のため、家を買うための資金です。長期は、今必要ないから運用しておこう、というお金です。リスクをある程度取れます」

生活資金と目的資金と目的のない投資資金とにお金を分けて、運用はとりあえず使わないぶんを回すのが良いそうです。

「今そのお金いらないから下がっててもいい、という余裕ができます。むしろ株が下がったときに買い足ししておこうかって、思えたり」

私も一回それをやったんですが、さらに下がったんです……。損益が雪だるま式に。時期が悪かったんでしょうか。

お金のプロ直伝「資産運用㊙テクニック」

「今、難しいんですよ。金利だけで決まらないし、ベンチャーはいつ潰れてもおかしくない。要素が多すぎて誰も予測できない。今は何もしないのが一番いい。ドブに捨ててもいいと思えるお金を投資に回すのがいいかもしれません」

今はドブ川の中を這い回っているような心境です。お金のプロから見て、今後上がりそうな株はあるのでしょうか。

「おすすめって言われると難しいけど、元手があるならメガバンクの株。配当利回りは悪くないです。ただ、デパートとか小売系は復活しないと思ってますね。地代が高すぎる。衣食住に関してはないと生きていけないので必ず戻ると思います」

現時点では余裕がないので、いつかの参考にさせていただきます。

保険会社の営業所長談
株は体重と同じで毎日チェックしてる
今ちょっと下がってるけど誤差かなって…
そう思えるようになりたいです
株価の急落で損してる話を聞くと共感してしまいます
損切りするか迷ってます
知らない人
含み損トークで仲間意識が高まったり……
○△の株が70%も下がっちゃって〜
有形資産より無形資産です

「投資の内容は道具なんで。お魚をさばくのに中華包丁は使わない。果物ナイフじゃ切れないでしょ、というのと一緒で道具を的確に選んでいく。株主優待など目的に合わせて選ぶのも良い。あとは好き嫌いかな」

という所長の比喩はレベルが高すぎて、素人的にはわからなかったのですが……。また、こんな禁断のテクニックを教えてくれました。

「私は証券マンに、そんなに儲かるならあなたも買ってください。一緒にやりましょう。やってくれるなら同じ金額買いますよ、と言ってみます。『いや〜』って返ってきたら怪しいですね」

また別の人間関係のリスクがありそうですが、機会があったら言ってみたいです。再三、米国株の今後について伺うと、

「ウクライナの状況の先行きが不透明だったり、利上げもありますが、アメリカは産油国ですから。資源がある国は地盤が強いです。コロナが落ち着けばロス五輪もあるし、株価も上がると思います」

と、ほのかに希望が持てることをおっしゃいました。若い所長の先見性を信じて、長期保有を続けようと思いました。

「神様の視点」を活用する

所長を紹介してくれた、保険会社で生保レディとして活躍しているAさんも、保険や金融について勉強するうちに、金融リテラシーが上がり、今まで苦手だったお金に対する意識が変わったそうです。

「今までお金のことが苦手すぎて資本主義を批判していたんです。保険の継続的な仕組みを知って考え方が変わりました。ファイナンシャルプランナーの資格を取るために勉強できる環境はいいですね。自分の金運も上がった気がします」

Aさんは、契約を取る方法もそっと教えてくれました。

「神田明神か、某稲荷神社にお参りすることが多いです。空いている神社だと、神様の声が聞こえることがあるんです。この前も声がして、コミュニケーションが取れました。契約あと一件欲しいんですが、どうすればいいですか？　と聞いたら『周りの人に優しくして、純粋に楽しい時間を過ごしましょう。小さい積み重ねの延長で契約を取れますよ。欲を前面に出さないで、愛を持って接することを心がける方がいいですよ』と教えていただきました」

ずいぶん具体的にアドバイスしてくれるんですね。神様っぽい助言です。

「あと、この前は『陰の気が溜まりすぎてるので、デトックスして光を取り入れましょう』と言われたので、早起きして朝日を浴びるように心がけたら、営業成績が良くなりました。ここ数ヶ月は目標を達成して表彰されましたが、神様のおかげです」

保険会社は、人間と同様に神様へのアポ入れが重要だと語るAさん。

「神様と人間って一緒だと思っていて、神様にはお賽銭やお供えを、人間には手土産を持っていくように心がけています。神アポとお客さんへのアポの比重を同じくらいにすると、私の場合うまくいきます。とくに神田明神など平将門系の神社によくお参りしているので、私は将門に養ってもらってる感じなんですね。困ると助けてもらう。それが来なくなったときはやめ時かな」

保険会社の所長の話では、資金を分散させるのが良いとのことでしたが、同じく神と人間に対人関係を分散させるとうまくいくのかもしれません。

「あと、これまで恋愛依存的だった過剰なエネルギーも、数字を追いかけるエネルギーに換えたことで逆に恋愛運もうまく回るようになり、人生全体のバランスが取れるようになりました」

とAさん談。たしかに数字とか株価を追っていると、人間関係の心配どころではなくなってきます。これもある意味リスク分散なのでしょうか。

話を聞いて、とりあえず米国や日本の株が上がるように神社で神様にお願いしたくなりました。ちなみに調べてみたら、証券マンがよくお参りするのは、兜町近辺の兜神社と日枝神社、末廣神社などだそうです。やはり最終的には神頼みなのでしょうか。東京じゅうの証券マンが株の上昇をお願いしまくって、今の状況なのかもしれませんが……。

そもそもお賽銭で株式市場を動かせるのか、という疑問も浮かびます。神様の視点からは、損失という体験で人間が学びを得て成長するのを見守ってくださっているのでしょう。私も今回資金が激減しなければ、ここまで他国の経済に興味を持つことはありませんでした。勉強代……だと思えるようになりたいです。

このたびの教訓

資産も対人関係も分散させることで心穏やかに過ごせます。

「プチ整形」前々夜

「整形トーク」が気軽にできる時代

おしゃれなオーガニックレストランで女友達とランチして、パワースポットやアロマの話題で盛り上がったあと、急に「そういえば今度私、『膣ハイフ』やるんだ！　締まりがよくなるんだって」と、整形の予定をさらっと報告する友人。ちなみに「ハイフ」とは「高密度焦点式超音波治療法」のことで、皮膚の内側に熱を与えて、リフトアップしたりひきしめたりする施術のこと。主に顔に行いますが、膣圧を高めるための「膣ハイフ」も話題です。

「顔にやるハイフって痛いの？」

「エステのは痛くないよ。クリニックのは痛いらしいけど」

「歯に響くんでしょう？」

「みんな結構やってるんだね〜」

と、昼下がりのレストランで人目をはばからず整形トークできる時代になりました。

ここ最近、美容クリニックでプチオペや施術の現場に立ち会ったり、先生の話を聞く機会が何度かありました。私自身は勇気がなくて未経験なのですが、話を聞く限りでは、技術の進化もあって、美容整形のハードルはどんどん下がってきているようです。

きっかけはリモート

20年前から、ヒアルロン酸やボトックスの注射をのべ何十万人にもされてきたという、注射の名手の先生は、コロナ後の変化についてもおっしゃっていました。

「目とおでこを気にして来られる方が多いですね。マスクをしていて見える部分なので。丸くてきれいなおでこにしたいというリクエストが多く、おでこのヒアルロン酸は人気があります」

注射針による内出血のリスクはゼロではないそうですが、注射はダウンタイム（施術してから回復までの期間）がほとんどないので気軽に受けられるそうです。

「マスクを取ったときに『えっ?』と思われたくないから、という理由で唇にヒアルロン酸を打つ人も増えています」と、先生。唇の黄金比率は、上唇1に対して下唇1・6、とのこと。唇への注射はしばらく腫れるそうですが、今はマスクで隠せるので、やはり施術を受けやすくなっているようでした。施術を見学させていただき、麻酔をしたとはいえ敏感な唇に注射を何本も打つのは痛そうでした。痛みを乗り越えてこそ、より良い美を得られるのでしょうか。

また、別の日には動画配信者の男性の、脂肪溶解注射とボトックス注射の施術を見学する取材がありました。エラが張っているのが悩みで、この2種類の注射で目立たなくしたい、とのことでした。痛みに弱いそうで(ヒゲ脱毛を途中で断念)、エラの筋肉を切る大がかりな手術はしたくないので注射を選んだそうです。

ただ、顔の深部に届ける注射なので針の長さがかなりのものでした。麻酔が効いたからか先生の腕が良かったのか、本人は「針が入ってきたときブチブチという音が聞こえて怖かったけど、痛みは感じなかった」と話していました。また見てる方が怖いパターンで、どんどん整形から遠ざかってしまいます。

この男性いわく、それまで鏡を見る習慣がほとんどなかったのが、配信の動画を編集し

ていて自分の顔をまじまじと見るようになり、「何かやらないとダメだな」と思うようになったとか。「ライトをつけても隠しきれないものがありました。目元のシワとか毛穴が気になってきて……」

ここ2年で、同様の思いを抱いた人は多いかもしれません。家からリモート会議に参加するようになると、自分の顔を、鏡ではなく画面ごしに直視する羽目になり、どうしてもアラが目に入ってきてしまいます。私も自分のリモートの顔がくすみきっているのを見ていつも萎えていますが、あきらめてしまいました。

鏡の前で一瞬だけ無意識のキメ顔をした自分の顔ではなく、人の話を聞いたり話しているときの自分の顔が、思ったより老けていて、やつれているように見えてきます。リモートきっかけで美容クリニックのドアを叩く人は多そうです。

高まり続ける「美の基準」

また、自撮りの顔が2割増くらいに美しくなる写真アプリも、プチ整形の入り口になっていそうです。スマホの中のかわいい自分がリアルな自分だと思いたくて、現実の顔をなんとか加工後までにレベルアップしたくなってしまうのでしょう。SNSで、美しく盛られた友人や芸能人の写真を眺めていると、焦燥感にかられたり……。美の基準が高まっていってしまいます。

仕事でお世話になった年上の女性、Hさんは、ちょっと前に会ったときも10年ぶりくらいなのに、全く加齢を感じさせないので、内心驚いていたら、美容整形にかなりお金を使ったと話してくれました。先日、改めて話を伺うことができました。

「きれいになるためじゃなくて、これ以上醜くならないためにやってるんです」と謙遜されていますが、清楚で知的なアナウンサー系の美貌を保っています。Hさんは婚活がきっかけで美容整形を始めたそうですが、美しくなってもさらに美を求めてしまう理由の一つが、韓流ドラマだそうです。

「韓流ドラマは、罪ですね。美の基準を上げてしまいます。ドラマの美しい女優さんを見たあとに、自分の顔を見たとき『何このひどい鼻』とショックです」

そういうHさん、とくに何の問題もなさそうなスッとした鼻ですが……。自分ではまだまだ満足できず、そろそろ鼻をやりたいとおっしゃいます。

「私、鼻を狙っているんです。鼻のオペは結構大がかりでダウンタイムが長いので、後回しにしてました。鼻の2つの穴の間にある軟骨に穴を開けて、そこからプロテーゼを入れて鼻の先をとがらせるんです。鼻専門のクリニックをやっているすごい男前の先生がいて、大人気で、この前予約しようとしたら3ヶ月先まで埋まってました。考えることは皆同じですね。今はマスクで隠せるから……」

鼻の軟骨が貫通って……。想像するとゾクゾクします。それにしても、やはりコロナ禍でのマスク生活を逆手に取って、美容クリニックに行く人は増えているようです。ケアしていた人と、何もやっていなかった人、マスクを取ったときに見た目の格差が開いてしまうのでしょうか。

整形費用は「子どもを東大に送るくらい」!?

Hさんは、そこまで大がかりなオペでなくても、糸リフト（顔の中に特殊な糸を挿入。糸のトゲの部分で皮膚の内部を引っかけてリフトアップする施術）や、脂肪溶解注射、ハイフ、ボトックス、脂肪吸引などかなり経験してきているそうです。美容整形を何度もやっている方の顔は、どこかミステリアスな、脳が処理しきれない謎を漂わせているように見えて、美しさにプラスされて人目を引きつけるものがあります。しかしそれだけ施術を受けるとメンテを含めてかなりの額に……。

「かかったお金ですか？　子どもを1人東大に送るくらいですね。家庭教師をつけて、塾に行かせて。子どもがいないので、自分で自分を子育てしている感じです」

インナーチャイルドが、もっとかわいくなりたい、愛されたい、と叫んでいるのかもしれません……。痛みはあるけれど、美しくなったときの達成感があるから乗り越えられるそうです。

「でも、糸リフトは結構痛かったですね。ダウンタイムは痣がいっぱいできて、ボコボコと小さい凹みができたりして。そのときはコロナ前でマスクもつけていなかったので、D

Vを受けているんじゃないかと周りに心配されてました」

糸リフトも取材で見学しましたが、顔の横に開けた穴から長い金属の筒をズボズボ出し入れしていて、見ているだけで血の気が引きました。あの施術を受けた人をリスペクトしてしまいます。

「おでこを丸くするために、太ももから脂肪吸引したことがありますが、全身麻酔で、意識朦朧(もうろう)としてしまいました。三途の川の近くまで行った感じですね。意識だけの存在になってすごい光を感じたんです。その後かなり痛かったので、脂肪吸引はしばらくやりたくないです……」

臨死体験まですることもあるとは……。美容整形によって人生の経験値も上がります。

理想の美は我慢の先に?

「でも、すごいおすすめなのは目の下の脂肪取りです。費用対効果が高いんです。年を重ねると目の下にたるみができて暗い印象になってしまう。そのたるみを取って、脂肪を自分の頬に注入すると頬が上がって若返って健康的に見えますよ」

施術の詳細を伺うと恐くて
やはり勇気が出ません……
まぶたのここの部分を
切り取って、縫ったんです
痛いです
切り取るんですか？
恐怖のしわが刻まれ、さらに
格差が開いてしまいそうです
整形を重ねると
精神的にもタフに？
最近お金のトラブルがあって……
口の角が常に上がっていて
苦労じわもなく大変な
事態も淡々と話す友人
顔が動じなければ
心も動じないのかも
しれません

自分の脂肪なので、拒絶反応なども起こらないそうです。何かＳＤＧｓ的な、持続可能でエコな施術に思えてきます。他におすすめを伺うと……。

「美容クリニックの施術ではないですが、今は歯のホワイトニングをやっています。会社のデザイナーさんもホワイトニングをやっている率が高かったですね。画像修整で人の歯を白くしているうちに、歯の色が大事だと気付くみたいです。清潔に見せるためには白い歯にしなければと、ホワイトニングに通うようになるみたいですね」

歯を出して笑うことがほとんどないので盲点でした……。Ｈさんが美容施術でおすすめなのは、肌を再生させるレーザーだそうです。

「CO_2レーザーというものです。めっちゃ痛いんですけど、肌が生まれ変わります。レーザーで顔に細かい穴を開けて、回復するときに美肌成分が出てきて、傷から肌を復元することで活性化するんです。1回やると肌の10パーセントが入れ替わります。私は30回はやってるので3回は顔が入れ替わってます。痛くて真っ赤になって顔中かさぶたになるのですが、はがれ落ちるときれいな肌が出てきます」

顔中に小さい穴……そしてかさぶた。また想像して、ムリだという思いがこみ上げます。さらなる美貌は我慢の先に。美容クリニックの施術は、いったんダメージを与えて、そこからの回復力で肌を生まれ変わらせる系が多いような気がします。もしかしたら心も傷つくたび、回復のパワーで美しくなっているのでは？　と見えないながらも期待します。整形に踏み切る勇気がないため、内面に逃げてきれいごとを言ってすみませんでした。

このたびの教訓

ダウンタイムがハードなほど、美しくなったときの喜びが倍増。整形を重ねたぶんだけ、精神的にも強くなるのかもしれません。

辛酸コロナ日記　その❶

新旧マナーのディスタンス

仮想コミュニケーション日記（２０２０年９月）

遠ざかる「飛沫浴び放題」の日々

２０１９年までは、何も考えずに飛沫を浴び放題の日々でした。それが今や状況が一変し、パンデミックの世の中で人々は飛沫感染を怖れるようになりました。人間関係にも大きな影響を及ぼしています。

お店などには飛沫防止シートやパネルが導入され、社会生活を送る上でマスク着用が必須になりました。そういえば、最近駅などでイチャつくカップルをあまり見かけない……と思ったのですが、さすがに密集する駅構内でお互いの飛沫を吸い込む行為はリスクが大きいということなのかもしれません。

飛沫といえば、大阪府が感染者が減ったのを受けて「5人以上の飲み会の自粛」の要請を8月末に解除。引き続き「多人数での唾液が飛び交う宴会」は控えるようにという呼びかけがありました。

「唾液が飛び交う宴会」という言葉のインパクトにハッとしました。「飛沫」と間接的な表現をせず、はっきり「唾液」と明言していて、これまで普通に行われていた宴会は、知らず知らずのうちに唾液の応酬や交換になっていたのだと気付かされました。

ソースの2度づけはもちろんのこと、鍋の文化、じか箸で料理を取る行為なども厳しくなってしまうのでしょうか。お酒を飲むと知らず知らずのうちに声が大きくなって唾液を飛ばしてしまいます。それが顔や料理にかかったり……。

　これから新しい日常では、「あいつツバ飛ばすから誘うのやめようぜ」と判断基準になったりしそうです。また、喋（しゃべ）る前にはあらかじめ唾液を飲み込むとか、マフィンやスコーンなどを食べて口の中の唾液を干上がらせておく、といった新しいマナーが推奨される世の中になったり……と妄想はつきません。唾液を少なくするツボを会食中に

押した方が良さそうです。

ちなみにサイゼリヤで推奨されていた、食事中もつけられるマスクの提案（マスクに紙ナプキンを挟んで口を覆う）は、実際やったら結構貧乏くさかったのであまりおすすめできません。

ハーバード推薦の「マスクプレイ」

唾液といえば、先日ある商店街で「絶対にお札をなめないでください」とレジ横に貼り紙をしているお店を見つけて、その強い口調に、感染症対策への意識の高さを感じました。他人の唾液が危険視される今、さらにディープなコミュニケーションだと、キスなどの濃厚接触がしづらくなっている現実があります。各国の健康に関する団体がガイドラインを出しています。ニューヨーク市保健精神衛生局（DOHMH）は、同居している安全なセックスパートナー以外と行為をいたすときは、顔を覆うマスクやフェイスガードを着用し、キスを避け、消毒していない手で目や鼻や口を触らないように、と提言しています。

英語で唾液は「saliva」だとこの書類で学びました。直接会うよりも、Zoomなどでの

「動画セックス」を勧めていて、人類は新たな局面に行きつつあることを感じさせます。

ハーバード大学による「新型コロナ時代の性的健康」という論文や、イギリスのテレンス・ヒギンズ財団によるガイドラインも、行為のときはマスク着用でキスを避けることを勧めていました。

マスクプレイを想像すると、フェティッシュな行為に思えます。舌にはＡＣＥ２受容体（ウイルスが入り込む組織）があるため、キスで感染するリスクが高いようです。その半面、飛沫や唾液を交換し、お互いのバクテリアを共有することで免疫力がアップする、というキスの効果についての記事を見たことがありますが、それができなくなって人類は大丈夫なのでしょうか……。

大ヒットドラマの裏には「飛沫の疑似体験」？

リアルでスキンシップや飛沫交換ができない今、新たなニーズが生まれつつあるように思います。それは、テレビやドラマを観て飛沫を疑似体験する、という……。

例えば毎回視聴率が20パーセント超えで大ヒットしている『半沢直樹』。銀行員が巨悪と戦い成敗する、というカタルシスを得られるストーリーが受けているのだと思いますが、もしかしたら今、世の中の人ができないことをやってくれているシーンが多いのも人気の理由かもしれません。

このドラマを観て感じたのは、役者同士の顔が近い、ということ。もうすぐキスするんじゃないかと思うほどの距離感で男同士にらみ合ったり、突然声を荒らげて叫んだり……。大金を扱うと人はおかしくなってしまうのかと思わされる演出。「おしまいDEATH!」「わびろわびろわびろわびろわびろ半沢!」「お〜ね〜が〜い〜し〜ま〜す!」「さあさあ!」「さあさあ!」などと大迫力で叫んでいて、笑いと恐怖を刺激されます。

こんなに飛沫を浴びせまくるコミュニケーションは、今は通常では考えられません。『半沢直樹』撮影現場では、スタジオ入りする前に消毒液で手指を消毒し、靴裏を拭いて、不要不急の会話をしない、物を手渡ししないといったルールが徹底されているそうです。出演者は細心の注意を払った上で飛沫を浴びせ合っているのでしょう。視聴者として、そんな登場人物を見ることで疑似飛沫体験ができます。「非接触型仮想コミュニケーション」とでも名付けたいところですが、スキンシップに関しても疑似感で少し心が満たされます。

飛沫をなるべく放出しない
ことが対人関係のマナー
になりそうな予感です
会食前に唾液分泌を抑える
ツボを押したり……
手首と手の甲の
境目にあるツボ「中泉」
口の中の水分を
持っていく食べ物を
あらかじめ食べるのも
良さそうです

でもおすすめは……
濃厚接触している
ドラマで飛沫疑似体験
すること
唾液も飲み込めて
一石二鳥です
ゴクリ～

ＢＬ萌えの麻酔効果

このところ私はタイのイケメンが出てくるＢＬドラマ『2gether: The Series』にハマっていて、男子大学生のサークル活動や恋愛を描いた青春ラブコメストーリーも素晴らしいのですが、とにかく主演の２人がかっこよくて適度にイチャついてくれるのが目の保養です。プリッツを両側から食べながらキスしたり、狭いソファで抱き合って寝たり、頭を撫でたり……。

そんな萌えシーンの数々を見つめながら、男女のドラマだったらつい女性側に感情移入して、こんなシーンを体験したい、と思ってしまうけれど、美しいＢＬの場合は自分は参加しない心境でずっと傍観者でい続けられ、それでも多幸感に満たされることに気付きました。スキンシップがしたいときに、２人の幸せな姿を見て心を満たすというのは、一種の悟りの境地（もしくは魔境？）ではないでしょうか。しかも脳髄が痺れたようになって、コロナの恐怖をあまり感じなくなるという、萌えの麻酔効果が。

しばらくは、ドラマで飛沫スキンシップを体感する、非接触型仮想コミュニケーションで行こうと思います。勢い余って、タイのＢＬの美青年の写真をＬＩＮＥで次々と友人に送っていたら、反応がなくなってきて現実の友人とも疎遠になってしまいそうです。ますます仮想のドラマに没入して慰められるしかありません……。

このたびの教訓

濃厚接触は疑似体験にとどめて、自分の飛沫は自分で飲み込みます。

疎遠な生活（2020年11月）

悩ましい「会食」問題

また、富岳が飛沫のシミュレーションをしている……。日本が誇るスパコン、富岳のエクトプラズムみたいな飛沫のCGが毎回インパクトありすぎです。

先日は、飲食店における感染リスクのシミュレーションの映像をニュースで見ました。会食の席で感染者が会話した場合、一番距離が近い隣の人が感染リスクが高く、真正面の人の5倍の数の飛沫を浴びることになるとか。はす向かいは真正面の人の4分の1の飛沫数だそうです。皆はす向かいに座れば良いのかもしれませんが、声が聞こえにくくなってしまいます。

富岳と理化学研究所の研究によると、感染リスクを軽減させるには、顎から鼻まで覆うおわん型のマウスカバーが効果的だとか。

そこまでして……という気もします。富岳のCGを見ると、誰とも会話しない方が良いように思えてきました。もしかしてAIが人類の人間関係を希薄にして、最終的にコンピュータが支配しようとしているのでしょうか……。

飲食店の経済状況を考えると、微力でも外食した方が良いような気がして、ひとり食事することも結構あります。しかし、複数人での会食の機会は激減しました。パーティもなく、人と疎遠になるいっぽうです。声が小さいというかくぐもっているので、私自身は飛沫を飛ばすことが少ないと自負しています。これからは声が通らない人が人気になって、いろいろな会食に呼ばれまくるのでは？　と淡く期待していたのですが、一向にそんな気配はありません。

先日も友人の女性と、最近は会食が全然ないという話題になりました。「最近会食ありましたか?」と聞かれたので「全然ないです」と答えると「私も、もうほとんど会食ないですね。昼はまだ良いんですけど夜集まってお酒が入ると声も大きくなって危険ですよね」と、一体感で盛り上がったのですが「友だちとどんどん疎遠になりますよね」と言ったら、笑って流されたので、また少し疎外感に苛まれました。

先日、同窓会と仕事の会食がバッティングして、どうやって時間をやりくりしようと電車移動の計画を立てていたら、目が覚めて……全て夢でした。起きたら何の会食の予定も入っていないという現実が。

そして4月、5月頃に何度か行われたZoom飲み会もめっきりなくなってしまいました。あの不安な時期に感じた共感や友情は今、どこに……。オンライン飲み会のブームは私の周囲では一段落してしまったようです。「自分のステージが上がると、今まで周りにいた人とは波長が合わなくなって疎遠になる」とスピリチュアル系の知人が言っていましたが、私の場合、必ずしもそういう理由ではなさそうです。

LINEの「友だち」は疎遠のリスト？

最近、LINEの友だちリストは疎遠になった人のリストでは？ と思いはじめています。なぜ、友人と疎遠になったり距離を置かれたりしたのか、わが身を省みてみました。

まず、考えられるのは肉全般を食べなくなったこと。牛肉は以前から食べていなかったのですが、今年2月に、マイクロブタカフェに行って子豚に懐かれ、どんな動物とも仲良くなれる気がしてきて、肉食をしばらくやめてみました。知人の集まりに行って「私は肉を食べないんで」とか公言していたら、誘われる機会がさらに減った気がします。お酒をほとんど飲まない上、肉を食べないと、さらに疎遠度が加速。

さらに、自業自得ですが、最近ハマっているアジアのBLの美青年の写真やURLを次々友人や知人とのLINEに投下していたら、だんだん反応が冷たくなってきました。最初は「きれいですね」「参考になります」などとリアクションしてくれていたのですが、私が送りすぎたのかいくつかのトークルームで会話が途絶えてしまいました。リアルでもネットでも疎遠になったら、どうしたら良いのでしょう……。

コロナを機に人間関係を整理する人は少なくないように思います。「飛沫感染のリスクを冒してまで会う必要のない人と、こんな状況でも会いたい人に分類されているように思います。ただでさえストレスを感じる日々なので、ダークすぎる陰謀論にハマっていたり、ネガティブなことしか言わない人とは自然と距離を置きたくなります。

日常に潜む「疎遠のプロ」

疎遠について考えていたある日、六本木の探偵バー「ANSWER」さんに話を聞きに行く機会がありました。優しそうな雰囲気の女性が実はやり手の探偵で、別れさせ工作や復縁工作を行っていると話していました。

例えば不倫している女性からの依頼で、好きな人の奥さんに「工作をかける」ことがあるそうです。住所を調べて、ターゲットがよく行く店を割り出し、そこで探偵は自然な感じで話しかけます。「この街にはじめて来たんですが、周辺で手土産におすすめの店はありますか?」などと質問し、教えてもらったら感謝してその場を去ります。頼られる側はあまり邪険にできない、という心理があるそうです。

そして数日後、また偶然を装って2回目の接触。「先日はありがとうございました。よかったらいろいろ教えてください」と言って、流れで連絡先を交換できれば成功です。その後は仲良くなって、夫のグチとか夫婦関係を聞き出すそうです。依頼主の愛人に、その情報を伝えて離婚の可能性があるかどうか推測します。別れさせ工作の場合は、奥さんに別の男性（実際は探偵）を紹介して夫婦仲に揺さぶりをかける場合も……。

私はそこまで複雑でディープな人間関係に巻き込まれたことがないので、「工作」にちょっと憧れます。ただ、探偵はそのあと自然にターゲットと疎遠になるそうで、一抹の寂しさが……。

「目的を達成したらフェイドアウトします。主人の親が具合悪いのでしばらく会えない、とか自然な形で……。そのあとこっそりＳＮＳを見て、元気にしてるな、と確認したりしています」と探偵の方はおっしゃっていました。いわば疎遠のプロです。もしかして、一時的に仲良くなったけれど疎遠になった人は探偵だったのかも……そう思うことで、疎遠になりがちな自分も少し心が慰められます。めったにないですが、偶然再会した人は探偵の可能性も……。

コロナ禍で人間関係を
整理する人が増えている
ように思います
WHOがマダガスカルのワクチンに毒を入れようとしたんだって
ただでさえ不安なので
ネガティブなことを言う
人とは距離を置きたく
なります
先日カフェで見かけた男女は、
とにかくポジティブな話しか
してませんでした
このお店おしゃれで最高！
トイレもきれいだし
大事だよね！
まるで「いいね！」を押し合っているみたいな会話……
今の世の中で友情を持続させる
にはポジティブキャラに徹するのが
良さそうです

持続可能な人間関係

また、最近疎遠の寂しさを和らげる方法を見出しました。LINEなどで、わずかな友人と近いうちに会おう、と話しているのですが、一向に計画が具体化しません。でも、実際会ってしまうと（人と会うリスクがある今）、もうしばらくいいやという気持ちが湧いて疎遠になってしまうので、会う計画を延々と先延ばしにしている方が関係を保てることに気付きました。そこで最近は「今度、表参道でお茶しよう」とか「今度」という単語で何ケ月も計画し続けています。いつか会う、という未来があるうちは、友情もサステイナブルです……。

このたびの教訓
実際会わないで会う計画を立て続けるのが、コロナ禍で一番安全に友情を保てます。

「マスク会食」考（2020年12月）

神奈川県発・不思議な新マナー

「マスク会食」……不思議な新マナーがパンデミックの世の中で始まりつつあります。

神奈川県の黒岩祐治知事が夏頃から提唱している「マスク会食」は、飲食時はマスクの耳のひもを持ってマスクを外して耳からぶら下げて、会話するときはまたマスクをつける、という風習。報道番組などで知事は「うっとうしいと思われるかもしれませんがやってみると必ず安心が生まれます」「マスクをしての会食を徹底すればなんとか踏みとどまれる」などとおっしゃっていました。

たしかに最近は会食や接待など食事会での感染拡大が続いています。そこでマスクを徹底すれば、無症状感染者からの飛沫を防ぐことができます（マスクで口元をガードしても目から入ったらどうするのか気になりますが……）。

黒岩知事の影響を受けて、菅首相や新型コロナウイルス感染症対策分科会の尾身茂会長も「マスク会食」を国民に普及させようとしています。小池都知事も、会食をする際の新たな感染予防策として「5つの小」というフレーズを提案。「小人数」「小一時間程度」「小声で」「小皿に取り分け」「小まめにマスク・換気・消毒」だそうです。

田村憲久厚生労働大臣は、透明のフェイスシールドを食事中に上げ下げする新しいやり方を提案。ただフェイスシールドを上げ下げするとき、指が外側に触れてしまっていました……。ボタンで自動で上下するフェイスシールドや、真ん中の部分が自動で開閉するハイテクマスクがあったら良いかもしれません。

「マスク片耳かけ」とルックス格差

食べるときだけとはいえ、マスクを片耳からぶら下げる姿はかっこいいとは言えません。男女の食事のときに、お互い片耳からマスクをぶら下げたらそれだけでちょっと萎えそうな……。「5つの小」も、小声で小一時間、こまめにマスクということで会話に集中できなさそうです。

ニュースでは「カンパーイ!」と言った瞬間に飛沫が飛ぶので注意とか、黙って取り分けるように、とか感染症の専門家が語っていました。会食が盛り下がりそうな要素ばかりですが、その方が安全かもしれません。

世の中的にはどのくらいマスク会食が浸透しているのか、たびたびカフェなどでチェックしていたのですが、30席くらいテーブルがあるとしてそのうち2席くらいがマスク会食しているような感じです。

マスク会食しているのは、慎重そうな年配の男女だったり、もし万一感染したら人間関係にわだかまりが生まれそうなママ友同士など。若い女子グループはたいていマスクを外してガールズトークしていました。私たち若いし体力あるから大丈夫、という自信を漂わせています。

先日は日比谷のおしゃれカフェで、外国人グループがマスク会食していて、途中からは外し気味になっていたのですが、イタリア系イケメンが例のマスク片耳かけをやっているのを目撃。するとルックスがモデル級だからか、不思議とそんなに貧乏くささく見えません。和柄のマスクを片耳にかけていて十分さまになっていました。マスク片耳かけはルックス格差をあぶり出すことに……。私にはとても片耳かけする勇気はありません。

以前、サイゼリヤで提唱されていた「食事用マスク」（マスクと紙ナプキンを重ねてつけて口の前を覆う）をやっていたら、一緒に食事している人に「やめた方がいいんじゃない……」とげんなりした表情で言われたこともあります。

平安貴族に学ぶ〝雅な〟飛沫防止策

気を取り直して「マスク会食」の風習を少しずつでも取り入れていこうと思います。先日、知人との食事会が赤坂であったので、マスクと扇子両方を準備して参加。このところ、口元を扇子で隠して飛沫感染を防止する方法も提唱されています。平安時代の人々も扇子で口元を隠して食事していたとか……。雅に飛沫防止したいです。

食事会の場所は知人が憧れていたという、高級ホテルのラウンジの個室。最初は扇子でカバーして静かにしていたのですが、メニューを見た瞬間、扇子どころではなくなりました。「ナシゴレン2200円」「カレーライス2400円」といったランチにしてはお高い価格帯で、「ビーフストロガノフ　3600円＋1500円」「金目鯛のブイヤベースとガーリックトースト　4100円＋1700円」と、価格に謎の追加料金が表記されているメニューも多々ありました。最初から合算で書くとショックが大きいからでしょうか……。

さらにこの個室の室料が5500円かかってきます……。冷や汗という別の飛沫が出てきそうです。首相官邸が見える個室で、高いランチ（2700円のブイヤベースセット）をいただいたら、さすがのおいしさでした。

私以外は全員3900円のランチコースをオーダー。政治家がよく利用する個室で食事していたら、アグレッシブな残留思念に影響されたのか、知人（占い系）が、来年紅白に出たい、声優にも挑戦したいと野望を語っていました。そのような夢を忘れてしまっていたので同年代として応援したいです。気が大きくなるシチュエーションだと声も大きくなりがちです。

私は逆に、政治家愛用の個室で批判精神が高まり、口元を覆うのも忘れて「Go To キャンペーンはおかしい！」などと語ってしまいました。結局飛沫防止はできていなかった気がします。

最終手段はパワーワード

また、別の日にも6人で会食する機会があり、マスクをつけなければと意気込んで参加。場所は茶室で、和食のコースを食べながら、伝統工芸やアートや織物などに関わる方々と会談。ろうそくで照らされた薄暗い茶室に入ってマスクをつけると……「みんなつけてないんで」と言われて、外す流れに……。そこでの会話はレベルが高すぎでした。

「古い伝統技術をよみがえらせることはテクノロジーへのアンチテーゼですよね」「今はアッパーにはノイジーなものが求められる」「アプリシエイトされるんですね」「文化はハングリーからではなく安定から生まれるものです」といった会話が飛び交っていて、私は入っていけず、この場では飛沫を飛ばさなかったと自負しています。これだけ意識が高い空間だとウイルスも生存できないのでは、と勝手なことを夢想。

その数日後、年上の女性2人とのランチでは、扇子を使用。「平安時代が見える」「前世いたでしょう?」と笑われました。扇子が合う合わないで前世が判明するかもしれない、という利点が。この日の話題は主に世紀末や陰謀、悪魔について。ある漫画が予言していた来年の日本は、富士山が噴火したり大地震が発生したりと大変なことになる、という話に震えました。

ヒートアップしすぎて友人が咳(せ)き込みはじめ、周りのテーブルもざわざわしてきたところ、「ごめんね誤嚥(ごえん)だから!!」と友人は叫んでその場をおさめました。マスクよりも周りを安心させるパワーワード「誤嚥だから!!」。年とともに誤嚥しがちな私も、咳き込んだらアピールしていきたいです。

また別の日は、3人で打ち合わせのあとランチをするという流れで、打ち合わせ時は出版社のミーティングルームで、マスクを着用しアクリル板ごしに会話するという徹底した対策がとられていました。

緊張感を持って打ち合わせを終えて、ランチのイタリアンに行ったら普通に皆マスクを外して会話。話題は眞子さまのご結婚についてで、自然と声が大きくなります。結構飛沫を浴びせてしまったような……。もうお互いを信じるしかありません。

「マスク会食」で検索すると関連ワードに……
マスク会食 ×
マスク会食とは
マスク会食
マスク会食 厚生労働省
マスク会食 やり方
マスク会食 汚ない
マスク会食 無理
マスク会食 効果
マスク会食 馬鹿
「汚ない」「無理」「馬鹿」といった言葉が……
プラ〜ン
たしかに片耳かけはちょっと萎えます
でも同年代〜年上の方々とマスク会食すると良い点も実感
○○さん五十代にしては若いかも
それは……ほうれい線が隠れることです
目の下のラインまでマスクを上げて目周りのくまをカバーしてる人も……
「マスク会食マジック」に期待です

結局、中途半端な形になってしまった「マスク会食」。徹底させるのは難しいことを実感しました。これからも感染症対策と免疫力向上につとめながら、マスク会食をできる機会を探していきたいです。今までになかった珍しい風習を体験できるのはある意味貴重です。来年の今頃、「1年前はマスク会食なんて変な風習あったな」なんて笑えるような平和な世界が訪れていることを願って……。

このたびの教訓

面倒くさいマスク会食も、何年かあとにはきっと人生の思い出の1ページに……。

私語禁止入門（2021年2月）

夜遊び会食が政治を回す？

緊急事態宣言が発令され、ますます人と会わなくなりました。それでもニュースなどでは専門家がしきりに会話を控えてほしいというようなことを言っていて、これ以上どうすれば良いのでしょう。ときどき出る独り言を抑えることくらいしかできません。

いっぽう、政治家は会食したりクラブで夜遊びしているというニュースに脱力。自民党の松本純（まつもとじゅん）議員が23時すぎに銀座のクラブ街を歩いている姿をキャッチされました。そのあと、「店から要望・陳情を承っていた」「ひとりで行っていた」という言い訳をしていて、「要望・陳情」という一見、大義名分のような単語を使っていながらも、マスクでもカバーできないギラギラしたヴァイブスがにじみ出て、違和感が漂っていました。

その後、ひとりで行っていたというのは嘘で若手議員2人も同行していたことが判明

（後日、3人とも離党届を提出）。2人の議員は、松本議員にかばっていただいたとしきりに恐縮していて、松本議員も「前途ある議員をかばいたいから」と、吐露。自分の身を犠牲に若い議員を守ろうとした英雄みたいな感じになっていました。政治家の価値観が庶民の感覚とずれまくっています。名前が同音の松本潤の方がよほど後輩のことを考えてしっかりフォローしています。

他にも、公明党の遠山清彦（とおやまきよひこ）議員が夜20時以降に、銀座のクラブを訪れた件で議員辞職。彼も、お店のはしごについて「知人の話を聞いてあげたいという思いが強くあった」と良い人感を出していたのが印象的です。

通常時ならとくに問題にならないクラブ通いですが、今は緊急事態で、庶民は飲食店の時短営業で、夜20時でお店が閉まって夕食難民になる人が続出している状況なので、議員の行為に対して怒りを覚える人も多いです。

私は怒りというより、呆れの感覚を覚え、なぜ政治家はつるんで食事したがるのか、ということが気になります。日本の政治経済は会食で回っていたのでしょうか。

「国会議員＝女子中高生」説

自民党には結束確認の「箱弁当」という謎の風習があるのも、今回のニュースの流れで知りました。毎週、所属議員が一緒にお弁当を食べる習わしで「一致団結、箱弁当！」とかけ声を合わせることもあるというのが、部外者からするとちょっと怖いです。まず、そこで飛沫が弁当に降りかかるような……。

弁当があるとどうしても議員同士で食べてしまうので、弁当自体をなくしてしまった派閥もあるとか。政治家は女子中高生のグループ並みに、誰と一緒にごはんを食べるかを気にしています。今や学校では感染防止のため、机を集めず個々の机で前を向いて会話せずにお弁当を食べているそうなので、女子中高生の方が意識が高いです。

なぜ政治家がクラブに行ったり会食してしまうかについて、情報番組『ワイド！スクランブル』で検証されていました。脳科学者の中野信子氏は「自分の社会経済地位が高いという認識があるほどルールを破りやすい」という話をされていました。地位が高いと「自分は許されるべきと思ってしまう心理効果がある」そうです。

舛添要一氏も、議員は「どこに行ってもちやほやされてそんな感じに慣れちゃう。だからときどき落選した方が良い」と同意。識者の言うように「上級国民」という意識が、自分たちは会食をしたりしても許される、という思いにつながっているのだと思います。

また、政治家は周りに敵が多いので孤独感が強いから、という理由がありそうです。だからときどき実際に顔を合わせて、本当に信じられる相手か確認したり、派閥の結束を強める風習が必要なのでしょう。

私語禁止カフェは孤独の試験場

街を歩いていると、ひとりでカフェに行って楽しんでいる人がたくさんいて、一般人の方が孤独慣れしていて、ソロ活動にも長けているようです。ぬいぐるみを連れてカフェでお茶を飲む女性や、独り言を言いながらも楽しそうな男性を見かけました。また、最近は友人と会っても会話の代わりにＬＩＮＥでトークして飛沫を飛ばさない、という人もいると聞きました。

私も感染防止を念頭に、「私語禁止」のカフェを訪れてみました。ジャズ喫茶、名曲喫茶、読書カフェなど、調べると、中央線沿線に多い傾向が。ひとりで思索にふけったり、音楽に造詣が深い方が住んでいるのでしょうか。

そんな中、訪れた名曲喫茶は赤い布張りの椅子が並ぶ、懐かしい昭和の内装。昭和テイストだと当時の霊が集まりやすいと聞いたことがありますが、最初客が私ひとりだったのに、店内に霊圧というか、見えない存在がうごめいているようでした。霊はエクトプラズムは飛ばすかもしれませんが飛沫は出さないので、安心して音楽を鑑賞。名曲喫茶のお得なところは、しばらく頭の中で聴いた音楽が流れることです。無料で脳内ストリーミングが聴けました。

高円寺で「私語禁止」を打ち出して話題になったカフェも訪れました。このお店に行ったことがある友人いわく、美人の女性店長がいるので、私語禁止になれば客のおじさんに言い寄られない利点もあるのでは、とのこと。

お店の前には大きな文字で「私語禁止」と書かれた黒板が。「『音楽を聴くカフェ』として営業するため」「食事中の飛沫感染を防ぐため、手探りですがやってみようと思います」とのこと。

どの程度私語禁止なのか、メニューはどうやって頼めばいいのか緊張しながら入店。マスク着用で小声で店員さんにオーダーすれば大丈夫でした。「注文のとき、お会計のときなど必要最低限の会話の際はマスクの着用をお願いします。筆談できるよう、ペンと紙のご用意あります」とテーブルの注意書きにありました。

「紅茶はミルクかレモンは……」

「ミルクでお願いします」

「かしこまりました」

と、店員さんとお互いマスクごしで会話。センスが良く素敵な雰囲気のカフェで、音響にこだわっているのでボリュームが大きめでジャズを聴くことができます。そのときはせわしないジャズピアノだったので、ちょっと落ち着かない、と思っていたら以心伝心で店員さんに伝わったのか、曲を女性ボーカルの陽気な曲に変えてくれました。私語禁止だとテレパシーが伝わりやすくなるのでしょうか。

会話禁止の古い名曲喫茶に行きました
どこでもどうぞ
貸切状態で安全です
人はいないけれど空間から気配が漂います
霊にはディスタンスは関係ありません
古風な服装の若い女性が入店。霊なのか昭和好き女子のコスプレなのか……
黙食を続けると異界の扉が開きそうです

他のお客さんはシニア世代の男性と女性のひとり客。しばらく静かにチーズケーキなど食べていたのですが、おばあさんのスマホが鳴って静寂が破られました。店員さんに一言注意され、おばあさんは店のドアを開けて「出ていけって言うから」と電話で話していました。

しばらくして電話を終えて戻ってくると「ちょっと駅まで、受け取りにいくものがあるので」と大きな声で喋っていました。しかもマスクをつけずに……。私語禁止が伝わっていないのでしょうか。駅からまたカフェに戻ってきたおばあさんは、唐突に大きな声で店員さんに話しかけだしました。「私のね、妹の旦那さんが有名な人でね!!」と、いきなり自慢が始まりましたが、店員さんが私語禁止の紙を見せたら静かになり、また平和が戻ってきました。

自慢したいという強い欲求があると、緊急事態とか関係なくどうしても抑えきれなくなってしまうのでしょうか。彼女もまた承認欲求や、誰も自分の話を受け止めてくれない孤独があったのかもしれません。自分の内の孤独と仲良くならないと、ひとりの平和な時間は持てないようです。

自分史上最悪のソーシャルディスタンス

別の日、他の私語禁止カフェへ。池袋にあるソーシャルディスタンスをテーマにしたカフェです。繁華街なので、気を付けながら池袋の雑踏へ。大戸屋や和牛食べ放題の店、パンケーキ屋、アダルト系書店、カラオケ店などがひしめく中、何度も歩き回ったのですがお店が見つからず……。まるでアダルトグッズを買いに来たけれど勇気が出ない人みたいでした。

何度か歩いて、おそらく該当するブルーの建物は見つかりましたが「弊社ビル前でタバコを吸うのは厳禁です。見つけた場合は警察呼びます」と何枚も貼り紙がされていて不穏な空気が。残念なことに扉は閉まっていて営業はしていませんでした。オープンしてからそんなに経っていないのに閉店してしまったようです。お店に行かないことが、一番のソーシャルディスタンスだと実感。

カフェを探すため池袋の狭い路地を何度もグルグルしていたら、奇妙なことがありました。ずっと路地で立っていたメガネの男性が、近付いてきた、と思ったら私をちらっと見てそのままスルーしたのです。１メートルほどの狭い道幅で、極めて不自然な行為でした。

もしかしたらナンパか何かしようと思って顔をよく見てやっぱりやめた、ということかもしれません。今までで一番ムカつくソーシャルディスタンスでした。やはり家でおとなしくしているのがベストです。

このたびの教訓

会食自粛を乗り切ることができた現代人は、孤独に対応できるように心身がアップグレードされます。

ワクチン接種で起きた「人間関係の副反応」（2021年8月）

ワクチン、打ちました

新型コロナワクチンの副反応は、接種した自分へのご褒美に服を買いまくる服反応……なんて悠長なことを言っていたのも今は昔。想像以上にキツかった2回目の副反応の発熱と倦怠感、さらにワクチンを打ったことで友人が離れていくという副反応まであって、心身ともにハードな日々です。

1年ほど前は、私もどちらかというとワクチン懐疑派でした。高速開発されたワクチンなので、将来的に何が起こるかわかりません。たまに読んでいる陰謀論のサイトでも、ワクチンがいかに危険か、詳細なデータとともに綴られていました。メッセンジャーRNAワクチンによって、人類の多くが数年以内に死ぬ、という恐ろしい文言も……。

しかしニュース番組はデルタ株の感染力のエグさについて報じながら、ワクチン接種が進んだアメリカで、人々がマスクを取ってコロナ以前の生活を送っている様子を映し出していました。マスメディアによって少しずつ洗脳されていった私は、集団免疫の捨て駒として、接種した方が良いのでは？　と思うようになってきました。たいして世の中に貢献できていない私も、集団免疫の1人となることで少しは役立てるかもしれない、と……。

それでも不安でワクチンについて迷っていたある日、瞑想中、大天使のビジョンが見えました。翼の中で守ってくれているかのような姿を見て、ワクチン、大丈夫かもしれない、と思えてきました（後日友人にその話をしたら「召される予兆では？」と言われてしまいましたが……）。また、バイオプリンターによって、スパイクタンパク質の設計図であるmRNAが生産される、という未来的な先進技術にも惹かれるものがありました。

意を決し、モデルナを接種。1回目は、よく言われているように筋肉痛と若干のダルさを感じました。しばらく腕が痛くて服を着替えるのも一苦労でしたが、腕の痛みが和らいでいくにつれて、体内で免疫力が高まっているような感覚で（実際は抗体ができるのは2回目を接種して数週間後）、ワクチンハイのような状態になっていました。

でも、そのハイな状態が一転してダウナーになるようなできごとが……。

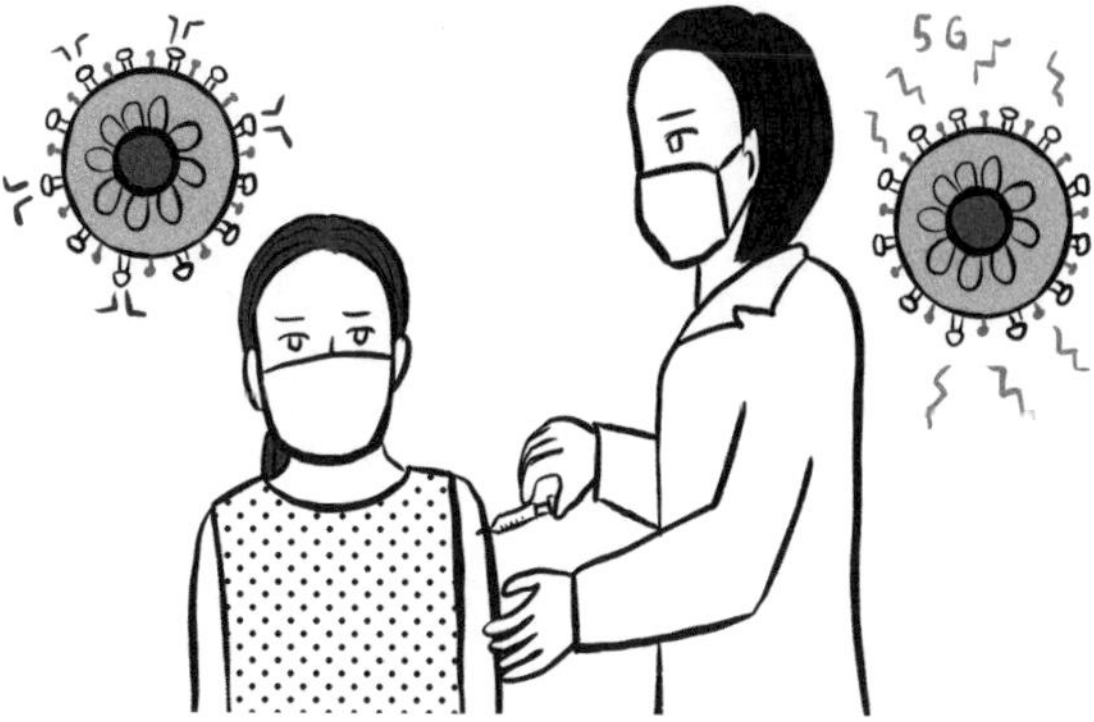

生まれる心のディスタンス

それは、反ワクチンの友人たちの存在です。スピリチュアル系や陰謀論好きは、反ワクチンの情報に触れることも多く、自然とそのような思想になっていきます。私もどちらかというと、そっち側だったので気持ちはわかります。

でも反ワクチン派の、ワクチンによって体が磁石になるとか、5Gとつながって人類家畜化計画が遂行されるとか、あらゆるBluetooth機器と接続するようになる、といった説は、さすがに眉唾な気がしました。Bluetooth接続できたら、スマホから直接脳内でスポティファイを再生できたりして便利かもしれませんが……。

とにかく、友人との心のディスタンスが生まれる、というのは予期せぬ副反応でした。コロナによって社会が分断され、ワクチンによっても人間関係が隔てられてしまうとは。友情はmRNAよりも壊れやすいものかもしれません。

ある日、反ワクチンのスピリチュアル系の友人とお茶をしていたとき、ワクチンハイも手伝って「実は私、モデルナのワクチン打ったんです」とカミングアウト。するとその友人は、目を見開いて「ええーっ!!」と驚き、その後、数十秒間沈黙が。こんなに驚いた人の顔を見たのははじめて、と思いながら、もしかしたら私は取り返しがつかないことをしてしまったのかも……と不安が浮上。

友人は沈黙後、「盲点でした。でも、人それぞれの価値観を尊重したいと思う」と受け止めつつ、「実際はワクチンじゃなくて、偽の生理的食塩水を注射してる場合もあるらしいですよ。それだといいですね」と、慰めてくれました。菅首相が打ったのも偽のワクチンとか、実は針がちゃんと刺さっていない、という説があるようです。その友人は、反ワクチンながらダライ・ラマ14世がワクチンを接種したという情報に、少し心が揺らいだそうでした。

「えっ、そっち側？」

また別の陰謀論好きの友人に、ワクチン接種を報告したら、驚かれたあとに「辛酸さんはきっと救われます！」と言われました。救われる＝救いが必要な状況になる、ということでしょうか。「辛酸さんは反ワクチンだと思っていました」と知人に言われたり。また、別のスピリチュアル系の友だちにも「ショックです……」と言われました。

ワクチンについてツイッターに書いたら「えっそっち側？」というコメントが。美容と健康に詳しい友だちに「そうですか、ああなるほどね……。そうか、そうですか……」と何か情報を知っている感じで言われたのは気になりました。ワクチンの人間関係の副反応は結構大きいです。

エンタメとして陰謀論を楽しんでいる知人には、「5Gどうですか？」と聞かれて「音が聞こえやすくなりましたよ」と冗談っぽく答えたり。でも、中には本気で体が磁石化すると信じている友人もいて、反ワクチンの話題は軽々しくネタにできない感じです。

でも、ワクチンを打った人同士とは、副反応についてトークして一体感を得られます。「腕が痛くなって……」「私も全然上がらなかったです」という話題から、2回目の副反応への懸念まで。先に打った人が、あとから打つ人に必要なもの（大量の水や冷えピタ、解熱剤など）を伝えたり。とくにモデルナは8割近くの人が副反応で発熱すると言われていて、皆で一緒に試練を乗り越えるという連帯感がありました。

見習いたい女子アナのメンタル

いっぽうで反ワクチン側の抵抗も激しくなり、「シェディング（shedding）」「ＡＤＥ」といった単語が登場。「シェディング」とは、ワクチン接種者の呼気や汗によってスパイクタンパク質が排出され、そばにいるだけでワクチン未接種者も体調が悪くなってしまう、という説です。松葉茶やタンポポ茶を飲むと良いとか。ワクチンを打ったことで、一部の人にさらに避けられてしまいそうです。

「ＡＤＥ」は「抗体依存性感染増強」の略で、逆にウイルスの感染を促進してしまう症状のようです。こんな風に難しい専門用語を出されると、ワクチンはやっぱり危険かも……と心配になってしまいます。こうしてネガティブな精神状態になることで免疫力が低下してしまいます。

ワクチンを打ったことで反ワクチンの友人との心のディスタンスが……
絶対打ちたくないです
打ちたいのに打てない人とも微妙な雰囲気に……
いいですね私の住んでる所は全然予約できなくて……
さらにワクチンの種類でも
私はファイザーでした副反応は軽かったです
よかったですね私はモデルナです……
モデルナは2回目重いらしいですね
と、ワクチンマウントが……さらに副反応が重いのは若さの証、という説もあり、マウントが尽きません前に「ワクチン」で検索したら、予測候補で「ワクチン　死ぬよ」と出てきたのですが、誰かに予測を使って語りかけられているような不気味さが。そうやって恐怖心を煽らないでほしいです。ワクチンを受けるときは、医学の進歩や研究者をリスペクトし、感謝の気持ちで腕を差し出せば、そんなにひどい副反応や長期的な悪影響は起きないのではないでしょうか（その後、重い副反応などワクチン接種の負の側面も報じられるようになりました。こうしたリアルな報告が反ワク陰謀論と一緒くたにされかねない状況にもなっているのが懸念されます）。

私の2回目の副反応はというと、接種翌日、熱と倦怠感で寝込みながらも、締め切りがあったのでときどき起き上がって、気力を振り絞って仕事。途中、火星の通信機器とか、数式とかが目の前に浮かぶ現象が。水を大量に飲んだからか次の日はなんとか復活できました。

そして芸能ニュースに目を向けると、梅宮アンナやきゃりーぱみゅぱみゅ、野田クリスタル、ＲＩＫＡＣＯ、ディーン・フジオカ、新山千春といった芸能人たちが、副反応が辛かったというニュースでサイトを賑わしていました。大きな副反応がないのは魔裟斗くらいです。

芸能人にとっては、注目を浴びるチャンスです。すっぴんで寝込んで、頬が赤くなった色っぽい写真を投稿した女子アナもいました。副反応をモテに利用するとは！　そこまでメンタルがタフだったらどんな症状も乗り越えられます。副反応にもメリットやポジティブな側面を見出せれば無敵だと希望を抱きました。

このたびの教訓

副反応は辛いけれど、同じ症状を乗り越えた人同士の絆は強まります。

非日常のエチケット

煩悩渦巻く「虚無僧バー」へ

煩悩の社交場

バーとはこれまであまり縁がなく、コロナ禍でますます夜遊びから遠ざかっていたのですが、世の中的に解禁になってきたので、夜の街の今を見てみたくなりました。ちょうどご縁があったのが、新宿で「虚無僧バー」を営む現役僧侶の〝坊主〟さん。都会の隠れ家的社交場として人気のようです。「一日店長」（誰でもなれる）の誘いを受けたのですが、社交性が低いので無理そうだと思い、「一日店員」として社会科見学させていただくことに。ツイッターでの大喜利企画「〇〇選手権」が大ブレイクして、今や150万人以上のフォロワーを持つメガインフルエンサーの坊主さん。そんな方のバーでインターンとして働くことで、ミレニアル世代やZ世代のカルチャーも学べるかもしれません。近くのタリーズで心の準備をしたあと、地下のお店へ。レトロ風のランプと、棚に並ん

だ虚無僧の笠、ＤＪの機材、壁に貼られた一日店長の写真が渾然一体となった空間。この日は体重１００キロ超のふくよかな美女２人が一日店長だそうで、彼女たちのファンが多数来店するらしいです。

私自身、店員体験といっても、接客業はかなり苦手で、高校のときにマクドナルドでバイトしていたときは「スマイルが足りないから」という理由であまり店頭に立たせてもらえず、だいたい灰皿洗いをしていました。大人になって少しは進歩しているといいのですが……。

「一日店員」体験で煩悩もシェイク！

まず、坊主さんがお酒の作り方を教えてくれました。メニューはだいたいお酒一杯８００円で、チャージ料なしの明朗会計です。イベントのときは飲み放題価格になったりするそうです。主なメニューは、ハイボール、ウーロンハイ、ラムコーク、レモンサワーなど。ハイボールはウイスキーと炭酸水（ウィルキンソン）、ウーロンハイは焼酎とウーロン茶、ラムコークはラム酒とコーラを、レモンサワーはレモンサワー原液と炭酸水を混ぜたものになります。あまりお酒を飲まないので配合を覚えるだけでも大変です。

それぞれお酒はメジャーカップに入れて、指2本ぶんくらいの高さに注ぎます。氷を入れて、炭酸やウーロン茶などを氷に当たらないように注ぎ、混ぜるときは掻き回すと炭酸が抜けてしまうので、上下にゆっくりマドラーで混ぜます。プロがカクテルを作るときに使う銀色のメジャーカップで注いでみて少しテンションが上がりました。

定期的に氷が大量に出てくる製氷機など、結構設備が充実しています。11個も並ぶ虚無僧の笠「天蓋」は、このお店が買い占めたことで値段が高騰した時期もあったとか。他にも、ホラ貝、笙、尺八といった和の楽器も揃っています。

「オープンして最初の頃は、邦楽の演奏家が『こういうたまり場欲しかったんだよ』とお店に来てくれたりもしましたよ」と、坊主さん。ただオープンからしばらくしてコロナ禍に……。「支援金でなんとかなりました」とのことで、小さい規模のお店にとってはかなりありがたい金額だったようです。

「バーのお仕事で大変なことはなんですか?」と素人的な質問をすると
「吐かれたりすることでしょうか。あとは30分飲み放題1000円のイベントで、3時間いたお客さまが『最初の30分しか飲んでない』と言い張って、1000円しか払おうとしないトラブルもありました。一日店長を探すのが大変だったり、私自身、裏でめちゃくちゃ悪口言われていると聞いて人間不信になったり……。いろいろありますね」

どんな種類の悪口か伺ったのですが、詳細は教えてくれなかった坊主さん。でも、常日頃炎上には気を使っているそうです。「逆に仕事で楽しいことは……」と聞くと、

「楽しいかどうかは……。仕事なんで。でも一日店長に会うのは楽しいですよ」とのこと。

私自身、お寺のお坊さんの説法とか好きなので、むしろ坊主さんのありがたい説法を聴いてみたいですが、とくに「説法タイム」は設けていないようです。でもお坊さんらしいことといえば、このお店を通して人助けをしている面もあるとか。

「何かやらかした人や捕まった人とかにもこのお店で一日店長をしてもらって、世に出して更生に導いています。あとは30近いアイドルの子とか。少しでも手に職を付けてもらいたくて、タロットカードの本を買って勉強してもらおうとしたことも。また別の子には寿

司職人の講座を勧めて、実際受けて今、彼女は寿司職人として活躍していたりします」

お坊さんとして〝人を導きたい〟という思いを秘めているようです。接客経験がほとんどない私も、今回お酒の作り方を教えていただいたので、いつかこの技術をどこかで生かせる気がしてきました。

浄土とは程遠い人間模様

そうしているうちに、フロアの方で「ちょっと久しぶり〜！　ヤバ‼」という声が。一日店長の方を訪ねて、大学の同級生の男性たちが来たようです。

「あの人ずっと○△ちゃんに片思いしてたよね」

「◎○と△◎が卒業後、付き合ったって知ってる？」

「同級生で誰も顔を覚えてないくらいの△◆が、ユーチューバーになってチャンネル登録者26万人もいるって」

「何それくやしい〜。でもヴァイブス違くない？」

「卒業してからどんな人生だった？」

同窓会トークが盛り上がっているようです。「マジックミラー号が……」とか下ネタも聞こえてきました。若さ渦巻く空気に交ざりたいところですが、「ハイボールお願いします」「レモンサワーで」と次々と注文が入って忙しくなってきました。原液、氷、炭酸、などと手順を思い出しながら混ぜていきますが、ラムコークなのに間違えてラムソーダを作ってしまったり（８００円ぶんの損失が……）、疲れてくると手元がおぼつかなくなってきます。

そして何より、１人当たりのお酒の摂取量にも驚かされます。ジョッキに入ったお酒を、かなりのスピードで消費。１時間１人２０００円の飲み放題システム、というのもありますが……。若いお客さんは、そんなにまだトイレが近くないのかもしれません。

もう１人の一日店長さんのお客さんも順調に増えてきました。お酒の注文も次々入り、グラスが足りなくなって急いで洗って出したり忙しいです。そうしているうちに、気になる動きが。客の女性が客の男性に接近していました。一見草食系だけれど、浮気して離婚したという、〝隠れ女好き〟っぽいメガネの男性客に、ぽっちゃり系美人のお客さんが「仕事帰り？」「どこに住んでるの？」と次々と話しかけています。それもいきなりタメ口とは……。バーという空間が男女を自然と接近させるのでしょうか。

「離婚するまでが大変で、もう膠着状態で。結局、調停しました」「なるほどね、大変だ〜」と、男性客の離婚の苦労話に親身になる女性客。「なんでバレたの?」「寝てる間に指紋認証でスマホのロックを外されて……」といった生々しい話が聞こえてきます。その女性、浮気された妻よりも完全に夫側になって、共犯関係を築きつつあります。ちなみに彼女も「旦那さんとは遠距離で……」と話していたので既婚者のようでした。

バーは想像以上に出会いのスポットでした。夫や彼氏をひとりでバーに行かせるのは危険かもしれません……。女性客と接近する可能性が十二分にあります。黙々とお酒を作りながら、警戒しなければと心に刻みました。

煩悩の深淵を覗く

そして次々とハイボールやレモンサワーの注文が入ります。酒と色欲……。人々の煩悩のるつぼと化していくバー。このお店をプロデュースしているのがお坊さん、というギャップに、改めて感じ入りました。虚無僧の笠が煩悩フィルターとなって、少しは浄化してくれるのでしょうか……。

バーの店員体験で感じたこと
それは……
離婚したいって伝えたの？
存在を消しながら……
店員からは結構客の会話が聞こえている、ということです
ただ会話に意識を集中しすぎるとお酒の配合をまちがえるので要注意
次は機会があれば芸能人御用達のバーで働き、聞いた情報を売る副業をしてみたいです

お客さんが増え、お酒が入るにつれて自然と会話のボリュームが大きくなっていきます。「ハイボールです！」と渡しながら大きな声で言ってもなかなか通じません。「ハイボールです!!」「ハイボールです!!」と、自分なりの大きな声で叫び続けました。このバーで私が少し更生できた部分といえば、喉が鍛えられた、ということでしょうか。

3時間ほど立ち働き、接客らしい接客はできませんでしたが、人の煩悩について社会勉強できた感があったので、22時頃には失礼しました。朝までいられる体力はなかったです。基本、安全地帯から人間ドラマを眺められるので、バーはお客より店員の方が楽しいかもしれません……。

このたびの教訓

バーは人間の煩悩が渦巻く空間。たまには煩悩を吐き出してデトックスするのも良さそうです。

たしなみとしての陰謀論

「人生のスパイス」を求めて

先日、ある映画の話題になったときに「たしか陰謀論界隈で、小児性愛だと批判されていた作品ですよね」と言ったら、変な空気になりました。そして「陰謀論」というワードはスルーされました。

このところ「陰謀」というジャンルに対し、風当たりが強くなっているのを感じます。先日もネットニュースで「なぜ高知東生さんは『陰謀論』から脱出できたのか」という記事が話題になりました。かつて覚醒剤で有罪判決を受けた高知さんが、次にハマったのは陰謀論。陰謀論は有害、というような空気を感じます。

「言うのがとても恥ずかしんだけど、俺陰謀論を信じかけてたんだよ」という高知さんのツイートも話題になりました。自助グループの仲間の前で、信じていた陰謀論を披露した

ところ爆笑され、「高知さんの情報はすごく偏ってます」と指摘されて目が覚めたそうです。

それは親身になってくれる仲間たちに恵まれていて良かったですが、陰謀論がそんな恥ずかしいことだったとは……愛好家の1人としてショックです。

また、先日ネットで話題になったのは、アメリカ出身の大学院生、リチャーズ氏が作成した「陰謀論チャート」。逆ピラミッド型の図で「本当にあったこと」から「有害」「妄想」など5段階で、陰謀論のトピックがカテゴリー分けされています。

例えば「本当にあったこと」は「PRISM（アメリカ国家安全保障局などが運営する大量監視プログラム）」「FBIのジョン・レノン監視」など。「あったかも」は「マリリン・モンロー他殺」「U

FO」などで、「トンデモだが害はない」は「エルビスは生きている」「ミステリーサークル」「グレタはタイムトラベラー」など、楽しげなトピックが並んでいます。

「有害」になると「反マスク」「反ワクチン」「新型コロナは生物兵器」「地球温暖化は嘘」とだんだん激しさを増してきます。そして妄想度マックスの「誰か助けて！」というカテゴリーには「爬虫類人の人類征服計画」「Qアノン（アメリカの極右が提唱している陰謀論）」「ピザゲート（ヒラリー・クリントンと仲間たちが人身売買や児童性的虐待に関与していて、ワシントンのピザ店が拠点になっていたという説）」「ディープステート（闇の政府、支配者層）」「アポロ計画陰謀論」「白ウサギを追え（Qアノンの合言葉）」など。

ざっとこの図を見て、結構レベル4、5のカテゴリーのトピックを信じていたかもしれない、と思いました。でも高知さんのように、まだ反省する予定はありません。私にとって陰謀論は、人生に刺激を与えてくれるスパイスだからです。

爬虫類人が住む街

私がはじめて陰謀論に出会ったのは2008年のこと。デーヴィッド・アイク氏の来日講演会になんとなく興味を惹かれて行ったのが最初です。分厚い本を何冊も出しているアイク氏は、「爬虫類人（レプティリアン）」が地球人類を支配しているという説を主張しています。『ムー』愛読者の私は、自然とその説を受け入れ、爬虫類人を警戒するようになりました。

時が経って数年後、東日本大震災が発生すると、地震への不安から予言や都市伝説、陰謀論のサイトをよく見るようになりました。周りの女性たちでスピリチュアル好きの人も、何割か陰謀論に流入した印象です。

友人と集まって、デンバー空港の地下都市や、オバマの替え玉説について語り合ったことを思い出します。そのうちの友人の1人と原宿駅前で偶然会ったとき、「最近、陰謀どうですか？」と話しかけたのですが、私の滑舌が悪くて「陰毛どうですか？」になってしまい、変な顔で見られたことを思い出します。

爬虫類人にはしばらくハマって、自称爬虫類人の壮年男性に取材したこともありました。東京ではS区に多く爬虫類人が居住していると聞いて、実際に行ってみたら、陰謀論に染まりかけた目には、街ゆく人がどこか威圧的な雰囲気を醸し出しているように見えました。陰謀は外界にあるのではなく自分の内側で育っていくものなのかもしれません。

それからずっと陰謀論とはつかず離れず、といった関係でした。同じく陰謀論好きの人と盛り上がりすぎてしまい、仕事の打ち上げでずっとロスチャイルドとロックフェラーの話をしていたら他の方々に引かれた、というできごともありました。

「闇落ち」にご注意

陰謀論のデメリットを挙げるとしたら、

・陰謀論を信じていない人と距離ができる

ということが挙げられます。また、陰謀論好きの間でも「人工地震を信じる人と信じていない人」「5G反対と容認」「アノン系と非アノン」など価値観の微妙な違いで溝ができてしまうことも……。

・目が闇っぽくなる

ハマりすぎると人相に出ます。今まで陰謀系のトークイベントや街で陰謀トークをしている人を見かけるたび、気になっていたことです。たとえイケメンでも目の奥が暗いような……。常に陰謀について考えていると、精神的に「闇落ち」してしまい目にもそれが表れるようになってしまいます。どことなく陰のある表情に。２０１９年の夏、ジェフリー・エプスタインの悪魔崇拝のニュースばかり調べていた自分も闇落ちしかかっていたような……。

・二元論にハマる

光か闇か、善か悪か、という判断基準にとらわれてしまい、柔軟な思考ができなくなってしまいます。

・恐怖や不安にとらわれる

陰謀論の多くはネガティブなニュースです。不安を煽る恐ろしい情報をインプットし続けることで、いつしかその刺激に依存するようになってしまいます。恐怖を処理する脳の部位と快感を処理する部位はかなり重複しているという研究結果もあり、小脳扁桃が活性化するそうです。

最近人と会うとかなりの確率で陰謀系の話題に……
イルミナティに詳しい友達からレディーガガの秘密を聞いて……
悪魔と契約した話ですか？
あのハンドサイン、やらされてるんでしょうね
妙な高揚感があります
また別の初対面の人にも
トランプは光の存在です
なぜこんなに陰謀論の機会が多いのかと思っていたら……
外出やイベントが減ったせいか人と会っても話すことがなくて……
そうなると話題が陰謀論とかになりがちです
という知人の話で腑に落ちました

・妙な優越感を抱いてしまう

世の人が知らないような世界の真実を知った、という情報強者気分で、上から目線になりがちです。

陰謀論の処方箋

でも、陰謀論にはメリットもあります。闇落ちしかけた状態から抜け出た私は、今は半分エンターテインメントとして楽しんでいます。

・陰謀論は刺激的

例えば以前、陰謀論に詳しい紳士を交えた会食で「日本には裏と表があるんです。裏とつながらないと成功できません」とかいう話にテンションが急上昇。身を乗り出して会話に参加してしまいました。ディープな情報を聞けると血中をアドレナリンが駆け巡る感覚に。まるでアドレナクロム（陰謀論ワード）のような快感が……。

・陰謀論で人との距離が近くなる

「ここだけの話、プーチン大統領はもう死んでいるらしいですよ」「安倍総理が辞めた本当の理由って知ってますか？」そんな風に秘密を語り合うことで、その場の結束力が強まります。まるで一緒にドラッグを決めたかのような背徳的な一体感が。不思議と他のあたりさわりのない会話は忘れても、陰謀論の話題はいつまでも記憶に残り、友情が心に刻まれます。

・全部陰謀のせいにすれば気が楽に

仕事がパッとしないのも、闇の勢力が利益を独占しているせい。体がダルいのは、闇の支配者層が食品添加物を入れて人口を削減しようとしているせい……など、うまくいかないことを陰謀のせいにして現実逃避もできます。

・陰謀論は景気が良い

最近のQアノン系の陰謀論はパワーワード連発でスケールが大きいです。「量子金融システムによる世界経済リセット」「大量逮捕」「世界緊急放送」など……。

「ネサラ・ゲサラ」と呼ばれる経済システムの刷新で、日本人全員に1億円振り込まれるという説もありました（そんなことしたらインフレが起きて、人が働かなくなってインフラが崩壊してしまいます……）。とにかく、出てくる桁が大きいので話していると高揚感に包まれます。

・すごすぎる陰謀論は笑えてくる

スエズ運河で座礁したタンカーの会社は「EVERGREEN」という名前ですが、実はこれはヒラリー・クリントンのコードネームで人身売買の船だったとアノン界隈でささやかれています。米空母が出撃し、1000人の子どもを救助。大量破壊兵器も運んでいたことが判明したそうです。一切ニュースで報じられませんが、恐ろしいですね……。

また、最近軽い衝撃だったのが、ディープステート（闇の支配者層）の多くはクローン人間で、有名人に化けるためゴムマスクをつけた「ゴム人間」という説。SF怪奇映画じみてきました。芸人でも思いつかないようなすごいネタが出てくるのが刺激的です。

陰謀論との距離感でおすすめなのは、光と影や善悪のジャッジにとらわれず、俯瞰して楽しむ、ということです。光側にも固定観念やジャッジがあり、闇側にも地球を守りたいという愛があるので、一概にどちらが正しいとは言えません。

そして、陰謀論の刺激は麻薬のような興奮をもたらすのでハマりすぎは危険です。良い付き合い方をすれば、友人との絆が強まったり、世界の社会状勢まで興味が広がったりします。二元論を超えた視点でいられれば、次のステージに到達できるかもしれません。

このたびの教訓

光か闇かの二元論を超えることで、陰謀論を俯瞰して楽しめます。

マスク生活で宇宙とつながる？

最近、周りで宇宙語を話せるとか、宇宙とつながっているという人が増えています。今、地球人として、なかなか旅行もできず、緊急事態宣言などで制限される日々。宇宙人と交流できれば気が晴れて視野も広がりそうです。何か高次元のアドバイスをいただけるかもしれません。

以前、宇宙とつながった友人から教えてもらったのが、マスクの下で適当な宇宙語を話すという方法。マスク生活を生かし、「マスクの下でブツブツ言葉にならないようなことを言っていると結構降りてきますよ」とのこと。適当な音を発していると、どこかの宇宙につながってメッセージが降りてくるそうです。宇宙人にナメてるのかと思われそうな説ですが、信じてやってみたいです。

　最近「ライトランゲージ」と呼ばれている、一種の宇宙語が話題です。宇宙からのエネルギーを音にしたもので、検索すると海外や日本でライトランゲージを話す人の動画がたくさん出てきます。
　例えば、ライトランゲージで有名な方の動画を観たら、「エディッシュオケビーゲービッシュエティッシュケーヒッリ……」みたいな、何語でもない不思議な音を発したあと、「自分自身の感覚がどこが動くか注意してみてください」「美しい世界を見たいのであれば美しい翻訳をしていきましょう」と、自分で通訳していました。
　凡人の私は、文法とかどうなっているんだろう……と、つい地球のルールに当ててはめてしまいそうですが、動画でライトランゲージを喋っている人は、どこか陶然とした表情で、宇宙のバイブレーションに包まれて気持ち良くなっているようです。

私の方はまだ羞恥心が邪魔をして、そこまではっきりした言葉を発することができず、マスクの中でブツブツ言うのが精一杯でした。そして何か返ってきたような感覚を脳内で翻訳すると、宇宙人が、試練に遭っている地球人を応援してくれている、という思いが伝わってきたような……。

マスクの中でつぶやいていたら、向こうから「長谷川◎○です！」と自分の名を連呼している男性が歩いてきました。彼も宇宙とつながっていたのかもしれません。

「最近は寝言も宇宙語なんです」

先日、「熊谷ヤバイラジオ」という局の『スジャータ女史のヤルラジ！』の公開収録に少し立ち会う機会がありました。「ライトランゲージトランスレーター」の方々など宇宙語ができる人が集まるというので期待を胸に会場へ。私は英語やフランス語など様々な語学に挫折してきましたが、それを飛び越えて宇宙語を習得したいところです……。

公開収録は高円寺のカフェで行われました。ライトランゲージが話せるKさんという男性は「最近は寝言でもライトランゲージなんだけど、だんだん日本語を忘れていく。日本語喋るの面倒くさい」とまでおっしゃっていました。そしていきなり「イカサールタシュクールキリウスケイヤカー……」とライトランゲージを発すると、ユニットで活動しているMさんという美女が「ネガティブかポジティブ、意識がどちらに向いているかが重要です」などと、ほぼ同時に通訳。すごい能力です。

Kさんによると、交流したい宇宙人のことを思って、そちらにアンテナを立てるように意識するとつながるそうです。今、地球人と縁が強いのはプレアデス星人、アンドロメダ星人だとか。ちなみにプレアデスなどは恒星ですが、いわゆる太陽のような恒星には肉体を持たない宇宙人が住んでいるそうです。そこで太陽に住む宇宙人の言葉を話しだすKさん。「アパカルケルコルコラコル……」とかなり早口で超音波のよう。宇宙人によって言葉が全然違うのもちょっと信憑(しんぴょう)性があります。

太陽などの恒星との接し方について太陽星人に聞いてみたのですが、「儀式に従ってでも、感謝の思いで見るのもいいですし、ご自身の気に入った方法でコンタクトをとるといいでしょう」と、Mさんによって同時通訳されました。

「トコトココロコロコロ……」「ワオ〜〜〜ン!!」

主催者のスジャータさんも、急に龍からのメッセージをライトランゲージで降ろしたくなったそうで、「トコトココロコロコロ……コトコトコロコロ……」と玉を転がすような音を発しました。すかさず通訳するMさん。「私たちは古くから日本を守り地球を守っています。皆さんが一番身近に感じていただけるエネルギーが龍です。安心してこのエネルギーに触れて自分を活性化させましょう」だそうです。

そのあと、チャネラーのOさんが加わって「自分とつながると全てのエネルギーと交信できるのよ」と、高次元の宇宙人のメッセージを伝えてくれました。「自分のソースとつながって……」などと話していると、Kさんが今度は「ワオ〜〜〜ン!!」と遠吠えしだしました。犬型宇宙人でも降臨したのでしょうか。その後も、Oさんが宇宙のエネルギーについて話しているときに、「グルルルル」と喉をならしたりしていました。相づちを打っていたのでしょうか。

宇宙人が地球人のエネルギーを興味深く思っている、という話になると「ワン!」とまた犬型宇宙人の合いの手が。以降もときどき「ワオ〜〜!!」と遠吠えもしていました。

ライトランゲージ（宇宙語）の集いの末席に参加
セラカムセアアワケアマサラケララレロスマケル……
ワオーン
皆さんしらふで話せてすごい…私は心のブロックが…
他の動画でも…
カラハッテキアーキアセシャンティー
ライトランゲージで話している人がかなり気持ち良さそうです
理性を超えた羞恥プレイ的な楽しみ方も…

宇宙語の夕べはカオス状態に。あとで真意を伺ったら「言いたくなった」と、明るい表情のKさん。ライトランゲージは置いておいても、言葉にならない叫びを発するのは自己の解放になり、ストレスが解消されそうです。また、同席者の皆さん真剣に聞いていたので、笑いに流されない高次元の空気を体感できました。ときどき笑いそうになる自分は、まだ精進が足りません。

そして帰りの電車で塾帰りの超難関進学校の女子たちと一緒になったのですが、彼女たちもライトランゲージかと思うほど、超音波のような早口でトークしていました。人間は進化しているのを感じました。

フェイクニュースは宇宙規模

また別の日には、ETコンタクト・ガイドで、テレビにもたびたび出演しているグレゴリー・サリバンさんの話を伺う機会がありました。チャネラーを名乗る人が多くなっていますが、偽の情報も多いことを憂慮されていました。情報ソースもネガティブな宇宙存在からのものだったりすることがあるそうです。表面的なメッセージよりも、自分自身の体験に基づいた直感が重要だとか。

ＵＦＯを何度も目撃していて宇宙経験値が高いグレゴリーさんは、ライトランゲージを用いなくても、いつでも高次元の宇宙人とつながれるそうです。「お風呂のときなどに宇宙エネルギーを浴びて、コロナウイルスやブルーライトの害から守ってもらっています」とのこと。オンライン化しつつある世の中ですが、新しいデバイスはブルーライトが強くなっていて、松果体の動きを弱めてしまう、という説があるそうです。頼むだけならタダなので、守ってください、と宇宙に呼びかけてみたいです。

最近は地球にはびこっていた悪いレプティリアン（人間の生命エネルギーをエサにしている爬虫類人）も駆逐されつつあり、渋谷の地下にいたモンスター的存在がいなくなったり、東京も浄化されて空気が軽くなっている、といった朗報も伺いました。宇宙人のニュースをアップデートすることで、宇宙とのつながりを強めたいです。

また、懲りずにライトランゲージに挑戦し、マスクの下で言葉にならない独り言をつぶやきながら近所を歩いていました。すると、知らない間に新しくできていたおしゃれなカフェに導かれ……。ふだん行かない裏通りで発見しました。これも宇宙人のナビゲーションでしょうか？　つぶやき程度のライトランゲージだと、こんな風に日常の些細な恩恵が。

もっと堂々と口に出して話せるようになったら、高次元の叡智がもたらされるのかもしれません。

このたびの教訓

羞恥心という心のブロックを外して無心になることで、宇宙の存在とつながれます。

神様セックス

神様と「お手合わせ」

先日、スピリチュアル系のセミナーに参加していたら、登壇していた女性が「神様セックスしてるし……」という言葉を発したのをキャッチ。これは聞き逃せないワードだと思い、講義の合間に「あの、神様セックスって何ですか?」と伺うと、その女性、A子さんは「主要な神様とはだいたいお手合わせしてます」と、ほほえみを浮かべました。経験値の高そうな美女の言葉には不思議な説得力が。

「神様っていうと平将門とか菅原道真ですか?」と聞いたら「そんな最近の神様じゃありません。相手は国之常立神（くにのとこたちのかみ）とか少名毘古那神（すくなびこなのかみ）とか神話に出てくる神様たちです」と、A子さん。

「でも、人間の方が気持ち良いです。神様は基本淡泊なので……」

神様にもリビドーがあるとは驚きです。

そういえば先日、友人の友人で占い師をしている男性の驚きのエピソードを伺いました。その男性は、女神がいる神社に行って女神をナンパして、脳内イリュージョン的なことかもしれませんが、女神と性行為するそうです。夏祭りで異性をナンパするようなノリで神様を……そんなことが許されるのでしょうか。

神社でただ人間の願い事を浴びせられる神様は、実は孤独を感じていらっしゃるのかもしれません。神様との新しい関係について探ってみたいです。今まで、お賽銭を入れて心の中で願ったり感謝するだけでしたが、もっと神様に好かれる方法があるのなら、実践したいです。

対・神様の婚活事情

先日ちらっと「神様セックス」について聞いたA子さんに改めてお会いして話を聞いてみました。霊能力者として鑑定やヒーリングを行いながら、全国約4000ヶ所のパワースポットや神社仏閣を訪ね歩いて浄化してきたという経歴の持ち主。今は本を執筆したり、

動画を公開したりしています。

世間のスピリチュアル系のブログを見ると、よく神社で神様と感応してグルグル体が回りはじめたとか、神様の声が聞こえたとか神秘体験が書かれています。神社好きの女性は多いですが、A子さんはもともとは神社には興味がなかったそうです。

42歳のとき、霊能力があると見出され、子ども時代に封印した力を解放。そこから龍神や神様とのご縁がつながっていったとか。

「小さい頃から、この世のものじゃないビジョンをよく見ていました。親に言っても『何言うとんねん』と言われて。でも大人になって竹生島での瞑想会に参加したことがきっかけで、この見えない世界に戻ってきたんです」

スピリチュアルのムーブメントもどこか俯瞰して

見ていたA子さん。今までの流れを解説してくださいました。

「まずオカルトブームがあって、2000年くらいからスピリチュアルブームって始まってるんです。その後に龍神ブームが起こりますが、それって2017〜2019年あたりの神社ブームを起こすための、見えない世界の作戦だったんです。日本人の精神世界のポテンシャルをもう一回上げるための。その立役者が龍神です。龍は雲の姿で出現したり、目に見えやすいんですね。身近で感じやすい存在なんです」

A子さんも、龍神との縁が深いとか。私も先日、空に龍神っぽい不思議な光を見て高揚しましたが、ただ目撃するのとはレベルが違うようです。

「沖縄の今帰仁（なきじん）グスクという城跡でユタさんを紹介されたんです。沖縄は昔から龍神信仰がすごく深い場所。そこでユタさんから『龍神が来てます。結婚してくださいって言ってますけど』と言われて、咄嗟（とっさ）に『いいですよ』って答えたんです。『いいんですか』『いいっすよ』と押し問答して、結婚に合意。それから龍をまとうみたいな状況になって、沖縄の島に呼ばれ、日本全国あらゆる場所に行くことになったんです」

A子さんの周りのスピ系女子の中にも龍婚（龍と結婚）したい人が出てきて、仲を取り持ったそうですが、よほどタフじゃないと、おかしくなってしまうケースがあったとか。

とくに、自分は龍使いだと思い上がると危険で、現実と非現実の境目がなくなってしまうそうです。

「何かに背いたり調子こいたりすると、何かを失ったり狂ったりする。ちゃんとせなあかんと思いましたね」

神様に好かれる秘訣

龍の次は瀬織津姫と縁ができて、祀られている神社を全国回ったそうです。「大祓詞」の四柱の祓戸の大神として登場する、罪や穢れを祓い清めてくださる神様です。瀬織津姫や龍神との関係が深まるにつれ「この世界ちゃんとやらなあかんってことやん」と思ったA子さんは、2016年から本格的に神社や聖地を回りはじめ、4年間ほど、月のうち20日はホテル暮らしだったそうです。生活の心配はなかったのでしょうか。

「旅費は、自然と入ってくるんです。浄化の話や鑑定をしたり、スピリチュアル系のコンサルをやったり、商品を販売したりしていました。神様から、どこどこの神社に行くように、と指令が来ると、即、行ってました」

だそうで、フットワーク軽すぎです。日本の龍神が少なくなっていると言われ、琵琶湖で龍神の交尾&産卵を手伝ったこともあるとか。龍神は産卵で増えるんですね。

「日本の神様と仲良くなる方法は、基本、頼まれたことをノーと言わずに素直にやる。聞こえちゃった以上はやる。やった方が結果的にお金も回ってくるんです」

神様の頼みを断らない、それが神様に好かれる秘訣のようです。素人にはなかなかできません。

A子さんは、他にも封印された神様を助けたり磁場を清めるため、軽装で富士山に登ったり、洞窟にひとりで入ってたくさんのろうそくをともしたり、海に服を着たまま入って儀式をしたりと、全国で神様のお使いを果たしているそうで、恐れ入ります。実は私も、数年ほど前、夢で「筥崎宮（はこざきぐう）に行きなさい」とメッセージをもらったのですが、九州で遠いし……とそのまま放置してしまっています。

ここですぐ行くか行かないかが、神様に愛される人間になれるかどうかの分かれ道。「はい喜んで!」と迅速に行動しなければなりません。お賽銭を納めて手を合わせておみくじでメッセージをもらう、といった一般的な神様との交流では得られない、ディープな関係になることができます。そこでついに「神様セックス」の話です。

「人間セックス」に飽きたときは

「この辺の神様、全部面通し済みです」と「日本の神々事典」（2012年の『ムー』の付録）をパラパラめくりながら、記憶を辿るA子さん。国之常立神のことを「ああ、国ちゃんね」と親しげに呼んだり、少名毘古那神のことを「男前」と言ったり親しそうです。

A子さんが全国各地で神様の頼み事を断らず、浄化を続けていたある日、寝ているところに神様が次々やってきたことがあったそうです。神様の夜這いです……。

「約1週間にわたって、何十柱もいらっしゃいました。次から次へと来るから、お次は誰？　みたいな感じです。めっちゃ早い。人間みたいにねちっこうないから、1回の時間が短いんです」

早漏……なんて言ったら天罰ものですね。失礼しました。しかし、年代の新しい神様の中には、肉体の快楽を覚えていて、激しく求める神様もいたとか。

「一番しつこかったのは徳川家康です。人間に近いからでしょうか」

こんなことを申しては何ですが、神様セックスは気持ち良いのでしょうか？

「人間との行為に比べたら小さいですが、同じように体は反応しますね。私がちゃんと気を入れたらもっと楽しめたでしょうけど、私、人間とのセックスやり倒したんです。セックスって掛け合いで、こっちの調子が上がってくると向こうも上がっていく。神様とお手合わせさせていただいたときに、乗ってもいいやろけどやめとこって思ったんです。マグロ女になったんです」

それは経験値の高いA子さんならではの直感でした。スピ系女子なら、神様と交合できるなんて！　と舞い上がってしまいそうですが……。

「マグロになって、されるがままでした。人間相手みたいにまぐわうべきじゃないって思って、ただお迎えしてたんです。その行為は8日間で終わりました。私の予想ですけど人間とやるみたいに遊んだらもっと複数回あったんでしょうね。そうしたら都合の良い女になってしまったと思います」

神様の間で、やらせてくれる女と噂になって、毎晩のように来られてしまったら大変そうです。男の神様には対になる女の神様がいますが、神様同士はセックスレスなんじゃないかとA子さんは予想。それよりは人間のエネルギーを求めるようです。

「私の場合お誘いに乗らなかったんで結局お祭りみたいな感じで終わりました。性欲というよりエネルギー交換みたいな感じ。神様も人のエネルギーやお供物が必要なんです」

驚きの「神様セックス」体験について語るA子さん
窓に足を向けて寝ていたら次々と……
トップバッターは強い男の神様でしたオオクニヌシ系です
神様の絵を見るとヒゲやロン毛だったり神フェロモンを漂わせるお方も多いです
大国主神
国之常立神
天手力男神
何十柱もいらっしゃいました
考えてみると"柱"という数え方も官能的……
性と聖は表裏一体です

淡泊でエネルギー交換が目的だという神様セックスと比べると、人間の体液まみれの行為が変態的で猥せつに思えてきました。「神様セックス」と「人間セックス」の違いは、ご利益。神様に体を捧げることで、様々な恩恵がもたらされるそうです。究極のアゲ◯ンです。

「怖がらず受け入れるところから始めないと、仲良くなれないですよね」

A子さんのめくるめく体験談を聞いてから、神社にお参りするときに妙にドキドキしてしまいます。ただ神様が性欲というか聖欲を抱く対象は、魂が清らかで浄化されている女性のようで……。とりあえず今まで通り参拝するだけのプラトニックな関係を続けようと思います。

このたびの教訓

神様と仲良くなるためには、指令にノーと言わず、受け入れ態勢になること。

「小室さん」狂騒曲

進化系「頂き女子」の生態

進化を続ける「パパ活」の世界

紀州のドン・ファンの事件が3年ぶりに動いたことで、それまで世間を騒がせていた小室さん親子のお金に絡むニュースがいったん沈静化しました。会社経営者・野崎幸助さんの元妻に比べたら、小室さんの母、佳代さんは許容範囲だと世間に受け入れられているのかもしれません。

男性に経済的に頼る生き方と、男性並みに仕事しまくる生き方があるとしたら、どちらが幸せなのでしょうか。だいたいワリカンの私は、何の気兼ねもなく奢ってもらえる女性を見ると羨ましくなるときがあります。男性からお金をうまく引き出すテクニックに長けている女性たちは、昨今、「パパ活（p活）女子」や、その進化系の「頂き女子」といった名前で呼ばれています。

前に、カフェにいたら男友達とパパ活の悪巧みをしている女子の会話が耳に入ってきたことがあります。整形で涙袋を作りたいので「パパ」にどう言ってお金を出してもらうか男友達に相談すると、「○△さんとごはん行くとき、かわいい子連れてるって思われたいって言えば。おじさん大興奮でしょ」とアドバイスされ、「うまい。すごいね」と女子はさっそくそのプランを採用しそうでした。その男友達は、ついでに自分もレーザー治療で毛穴を閉じたいから合計20万円引き出せないかと、女子に持ちかけていました。おじさんのことを思うと心が痛いです。

情報商材の影

「パパ活」はあらかじめお金をもらう契約をして年上男性と会う活動のようですが、その「パパ活」をさらに巧妙にしたのが、最近話題の「頂き女子」です。ツイッターで「頂き女子」で検索してみると、札束の写真やら、おじさんたちからせしめた金額を自慢する書き込みが出てきました。

「35万頂いて一週間でまた16万頂けました」

「新規のおぢ2人から振り込みされてた」

「顔合わせ40分で5はやばい爆笑」（万札の写真とともに）

「おぢケアがんばれば出稼ぎもいらないし」

「新規一撃１００気持ちいい。いろいろ気持ち悪くて死んだけど」

「◯◯ちゃんの入院中画像速攻使わせていただきました。２５３万いただいたおぢから、またいくらか頂けそうです。◯◯ちゃんのnoteは絶対買うべき！」

「まだ会ったことのないおぢから、こないだの２５３万に続き。明日いくら入ってるか確認しなきゃ」


「２５３万」という半端な金額が違う人のツイートに登場するのが怪しいですが、「頂き女子」のテクニックを情報商材として売っている人もいるので、サクラ的な書き込みなのかもしれません。魔法のようにお金を「おぢ」（頂き女子用語で年上男性のこと）から引き出す頂き女子の手腕に憧れる人もいるようで、「頂き女子になりたい」という書き込みもたまに見かけました。

「頂き女子」と「パパ活」との違いは、最初に金銭の約束があるかどうか。「頂き女子」はＳＮＳやマッチングアプリで知り合った「おぢ」の恋愛感情や庇護欲を刺激して、自分からは「お金をください」とは言わず、巧みにお金を引き出す、というテクニックを持っているようです。

「頂き」の丁寧さはどこに……

「パパ活」について調べてみると、その援助の形態によって「都度パパ」「定期パパ」「月極パパ」などに分かれるようです。かなりドライな関係です（男性がガチ恋に発展するケースもあるようですが……）。

「頂き女子」が厄介なのは、恋愛経験が少なそうな年上男性を狙い、疑似恋愛をしかけてお金をもらう、という点。「頂き」と名称こそ丁寧ですが、恋愛詐欺みたいなものでしょうか。この場合、はじめから騙す意図があったと立証するのが難しいそうです。

例えばツイッターの書き込みにあったように、入院して体調が悪いといった「病み営業」をしかけて男性の庇護欲に訴え、治療費などをせしめます。生活が苦しいとか、買いたいものが買えないとほのめかし、男性に自分が支えないとダメだと思わせます。

グレーな関係ですが、先日「頂き女子」の男子版的な、女性たちに貢がせていた「45股男」が詐欺容疑で逮捕されたので、もし弁護士などに相談されたら「頂き女子」も逮捕される危険があります。

このご時勢、気前良く数十万も出してくれる人などなかなかいないし、お金を出してくれたあと、嘘だと気付いて揉める可能性もあるので、素人は安易に「頂き女子」を目指すのはやめておいた方が良さそうです。

お金と心をコントロールされないために

揉めるといえば、何年も膠着状態だったのが、小室佳代さんと元婚約者のXさんです。

借金だったのか贈与なのか、解決金はどうなるのか、「小室文書」によって事態はますます混迷を極めています。小室佳代さんは「パパ活」と「頂き女子」の中間になるのでしょうか。「小室文書」では「贈与」だと主張していて、元婚約者の方から進んで援助してくれたと言っているので「頂き女子」に近いのかもしれません。

小室佳代さんの、お金を引き寄せるテクニックについては、これまでもたびたび週刊誌に出ていましたが、『週刊文春』や「AERAdot.」には、元婚約者に送っていた新たなメールの文面が掲載されていました。

X氏のことを「パピー」とかわいく呼んでいた佳代さんですが（「パピ活」？）、メールの文面は生々しいです。婚約のプランニングとして「パピーの生命保険の受取人を私にして下さる事」などと明記したり、「私にとって結婚＝主人の遺族年金を無くす事なので大切な問題です」「主人の年金を受け取っている間は内縁の関係にはなれません」といったお金絡みのメールだらけで、婚約中の恋愛ヴァイブスは感じられません。

度重なる出費に、X氏は、こんな日記を書き残しています（『週刊現代』5月1日・8日号）。「お金の無心を言う物は、だんだんと相手も麻痺してくるんだろうか　圭君の為と言われれば、止む無しとは思うものの、どうなのか？」と、誤字交じりの自問自答の文章に困惑ぶりが表れています。

入学金や高級ディナーといった大金以外にも、細かいお金も頂いていたようです。

「……又又面目ないですがトイレットペーパーがキレてしまいました。もし購入して頂けたら幸いです」

「キレる」という変換に、買ってこなかったらキレられそう、という潜在的な恐怖が刷り込まれます。佳代さんのマインドコントロール術でしょうか。ちなみに婚約前のメールだそうです。

「仕事帰りに食料品を買い込み、薬局でトイレットペーパー等も買ったら凄い荷物になってしまいました　タクシーで帰宅したのですが……次回そのようなときは、（車マーク）助けて頂いてよいですか?」

と、日常のタクシー代をサポートしてもらおうとするメールも。

「図々しいでしょうか?　でも700円が勿体なくて　10回利用したら7000円　一緒にフレンチ頂けます」

この文面には、うまい……とつぶやいてしまいました。タクシー10回ぶんで7000円を節約したら一緒にディナーに行ける、という具体的な目標を設定していますが、結局タクシー代も食事代もXさんが出すことになるような……。損しかしないポイントカードみたいで恐ろしいですが、数字のマジックにまやかされてしまいそうです。

先日、佳代さんを何度か取材している女性週刊誌の記者さんが「佳代マジック」という言葉を使っていましたが、気付いたら意のままになっている、という不思議な魔力を持っている女性なのでしょう（料理はすごい上手らしいです）。

「パパ活」や「頂き女子」よりも高度なのが、佳代さんが恋愛感情すらチラつかせない、というこことです。元婚約者に甘い言葉で好意を伝えることなく、むしろ息子が一番というスタンスを貫いてお金を引き出しているのがすごいです。恋愛を感じさせないクールな態度の方が相手がハマっていくのでしょうか？

このまま眞子さまと小室さんが結婚すると、高度なテクで男性の心を掴みながらステップアップを極めていった佳代さんは「パパ活」や「頂き女子」のカリスマとして崇められそうです。そんな日本の行く末が恐ろしいですが……まじめに生きて働いている女性も報われる世の中であってほしいです。

（2021年5月）

お金だけでなく精気も吸い取られたような小室母の元婚約者X氏
正直驚きましたということですねいきなりこの文書ですかと……
TVなどで拝見するとやせていて心配に……
一方、小室佳代さんはセレブ感と貫禄を増しています
2020年の金髪イメチェンも話題に（ヘアは元に戻っています）
金髪にすると金運UPするというジンクスが。彼女なりに金策を練っていたのかもしれません

このたびの教訓

「頂き女子」にも「頂かれ女子」にもならず、お金と良い距離感を保つことが堅実な金運アップにつながります。

「交際クラブ」研究

「完全に合法な交際クラブです」

ついに眞子さまと小室さん年内結婚のニュースが報じられましたが、いっぽうで小室さんのお母さんの新たな不正受給疑惑が浮上。3年ほど前、適応障害を理由に洋菓子店を長期欠勤して療養中に傷病手当を受給していたそうですが、その間、軽井沢のレストランでアルバイトしていたらしく、傷病手当の不正受給疑惑がささやかれています。

以前にも遺族年金不正受給疑惑があり、最近も勤務先の洋菓子店の更衣室で靴をはきかえるときにアキレス腱を痛めたと言って労災を申請していました。小室さんのお母さんの金策というか受給テクニックは一般人にはまねできないレベルです……。

この4年間、小室さん問題に勝手に翻弄されて心身が疲れ果てました。今は遠いところでお幸せにおすごしください……という気持ちです。

以前、「頂き女子」について原稿を執筆したのですが（「進化系『頂き女子』の生態」（210ページ参照））、そのあと、珍しいご依頼のメールが転送されてきました。

「ユニバースグループは安全な会員制の枠組みの中で愛人マッチングサービスをご提供する完全に合法な交際クラブです」

という出だしに一瞬スカウトされたのかとドキッとしましたが、続けて読むと、その交際クラブのサイトにコラムを寄稿してほしい、という内容でした。

「交際クラブ」とは、紀州のドン・ファンのニュースでその存在を知ったくらいで不勉強だったのですが、会員制で身元がしっかりした男女の出会いをセッティングしてくれるサービスのようです。このクラブの場合、女性は約７０００人、男性は約４００

０人も登録していて規模が大きいです。
しかしご依頼いただいたコラムのコーナーを試しに見てみたら、

「混浴温泉で露出プレイをした話」
「ナンパしたカナダ人の美女と一戦交えた話」
「隠れた性感帯の開発」
「男性を四つん這いにさせてマッサージするテク」

といった刺激的な内容のコラムが……。
とても私の経験値では何も書けないと申し上げて、かわりに交際クラブについてお話を伺わせていただくことになりました。マッチングアプリでもＳＮＳでもない出会いの形が興味深いです。コロナ禍で新しい友人や知り合いを作りにくい今、需要が高そうなサービスです。

恋に恋するおじさんたち

オンラインでユニバース倶楽部の女性社員、間宮さんにお伺いしました。まず、どんな男性が登録しているのか伺うと……。

「40〜50代がメインで富裕層の方中心ですね。経営者の方だったり役員をされていたり、お医者さん、ITの若い社長さんもいらっしゃいます」

きっと同年代ですが彼らの対象は同年代の女性ではないんでしょうね……(女性会員は10〜50代までいるそうです)。

入会の動機はというと「男性はもう一度恋をしたい感じですかね」と、間宮さん。

「体の目的ももちろんあるんですけど、風俗や水商売で経験できないことをしたい、素人の女性に会いたい、と希望している方が多いです」

そういえば私の友人の顔が広い女性も、昔「1億円あげるから素人の女性と出会える秘密クラブを作ってほしい」と実業家男性に依頼されて断ったと言っていました。いつの時代もおじさんたちは素人女性と恋がしたいんですね。

「家庭が落ち着いて時間と経済に余裕ができると、もう一度青春したいという男性がいらっしゃいます。家庭は冷えきっていたり、奥様とは夜の関係が一切なくて、もう一度ドキドキしたい。恋愛の先にセックスしたいっていう思いがあるようです。めちゃめちゃピュアなんです」

ピュアな瞳の奥にギラギラした情欲の炎が見えそうです……。

恋愛需給バランスの妙

交際クラブでセッティングするのは初回のデートまでで、その先は体の関係（「大人」と表現される）が持てるかどうかの駆け引きがあるようです。おじさんは恋愛したい思いをたぎらせていますが、女性は現実的でドライだとか。

「女性の方がお金目的とか多いので、面倒くさいのは避けたい。女性はそこまで恋愛したくないのでそこで男女のすれちがいが生じてしまいます」

ちょっと切ないですが、男性側も基本は遊びで、家庭を壊したくないので、ガチ恋愛にならない距離感が最適なのでしょう。男女とも仮名のクラブネームで登録しているのでプライベートがバレる心配もほとんどないようです。

男性は恋愛プレイで若返れる、女性はパパ活でお金をもらって生活の足しにできる、と需要と供給が合っています。ただ貪欲になりすぎると稀に紀州のドン・ファンのような事件に発展することも……。

「交際クラブに登録する女性は、お金のない同世代の男性と付き合うより、お金を持って楽しい思いをさせてくれる男性と付き合いたい、という人も多いです」

とのことなので、ちょっと高級感を味わうくらいで満足しておくのが良さそうです。20代女性の登録が一番多く、奨学金を返済したいという目的の人や、一人暮らししたいので家賃を稼ぎたい、といった目的が多いそうで、律儀かもしれませんが意外とまじめな印象です。

女性会員はスタンダード、ゴールド、プラチナ、ブラックとグレードに分けられていて、女性側には非公表。スタンダードだと普通の女性で、グレードが上がるとだんだんきれいになっていったり、希少価値のある方になります。グレードによって紹介料が2万~10万円と変動。さらにその上の特別なグレードになる、アナウンサーの女性が登録したら、信頼できるお客さんだけに情報が伝えられるそうです。とにかく「黒髪で清楚で知的な美人の女子アナ系が一番人気」と間宮さんはおっしゃいます。

ちなみに出会い系アプリとの大きな違いは、アプリだと顔写真は加工できますが、交際クラブの写真や動画は加工なしだそうで、会ったときのギャップが少ないのが利点だとか。若い女性は抵抗ありそうですが……。

シビアな「お手当て」事情

女性側はお付き合いの仕方について5つのタイプから選んで登録することができます。

交際タイプA【お食事デート】

「基本的にお茶やお食事のデートを希望します。肉体関係を含む交際は希望しません」とのことで、どんなにいい人でも「大人」に発展しないようです。

交際タイプB【2回目以降】

「2回目以降のデートでお互いのフィーリングが合えば、交際に発展する可能性があります」

お茶や食事をすると男性から女性に交通費が支払われる交際クラブのルール
お手当ては……?
都度5でどう?
こんな感じの交渉が行われているそうです
思い返せば今まで交通費をいただいたこともなく支払いもワリカンです
交際クラブの観点からするともはやボランティアの域では?
今まで自分が善行を積んできた気がして充実感がわき上がりました

交際タイプC【フィーリング次第】
「初日からお互いのフィーリングが合えば、交際に発展する可能性があります」

交際タイプD【積極的】
「初日からスマートにお誘いいただければ、交際に発展する可能性があります」

交際タイプE【交通費不要】
「出会いのチャンスを優先したいので、お食事デートでの交通費はいただきません」
女性側が野心的に人脈を広げたいときに活用する枠でしょうか。友だちやビジネス関係など人脈が広がります。

このように5タイプに分かれていてプロフィールにも表示されます。
男性のオファーが多いのはBCD。男性もピュアと言いながらもやはり目的意識はしっかりしていて、最初から発展の可能性がないとオファーしづらいようです。交際クラブでは基本女性は受け身で「オファーコントロール」ができないのがネック。オファーが減ったら別の交際クラブに登録する女性も結構いるとか。

お手当ては、初回のデートは交通費として5000円~1万円を渡す決まりになっていて、2回目以降は交際クラブはノータッチだとか。匿名質問箱のコーナーで調べたら、相場は食事だけの場合は交通費程度、「大人」の場合は5万円くらいだそうです。

初対面の男性と1時間サシで会って5000円……安いのか高いのかわかりません。だんだん話を聞いていたら「大人」という表現が刷り込まれて実生活でも使ってしまいそうです。ちなみに今までに数組ほど、交際クラブでの出会いがきっかけで結婚に至った男女がいたとか。「大人」「お手当て」の関係が結婚という形式に移行……。出会いの方法の一つとしてはありかもしれません。

「ひとり脳内交際クラブ」のすすめ

実生活でも役に立つかもしれないので、男性、女性、それぞれどういった人が好かれるのか伺ってみました。まずはモテるおじさんについて……。

「一番は羽振りがいいこと。優しい方や紳士的な方がいいって皆さんおっしゃいますね。

強引なお誘いは嫌われます。同世代にない落ち着きがあって、女性をエスコートしてくれる方。経験を自慢するんじゃなくて、知らなかった知識を教えてくれる方がいいですね」

交際クラブに登録している男性は結構同世代（団塊ジュニア世代）だと思いますが「同世代にない落ち着きがあって、女性をエスコートしてくれる方」って、そんな人は実生活でなかなか見かけないような……。

恋愛のターゲットじゃないので紳士モードを見せてくれていないだけかもしれません。今まで大変な思いをしてきた団塊ジュニア世代も「交際クラブ」でつかの間の青春を楽しんでいると思うと、お疲れさま、とねぎらいたくなります。

そして好かれる女性はというと……、

「面接させていただくときは、受け答えがしっかりしていて、食事中スマホを触ったり男性がいやがる行為をしないかチェックさせていただいています。おじさんも人を見る目がありますから、人としてちゃんと向き合ってるっていうのをある程度出さないと。完全にお金目的と割り切られると萎えてしまいます。プライバシーは教えないにしても、ある程度心を開くのが大切です」と、間宮さん。

匿名質問箱を見ていたら、女性からの感謝を表す「ビジネスハグ」というワードも出てきました。多少演技が入っても、相手への信頼と尊敬を持つのが基本ですね。今から女子アナタイプになるのはムリでも、相手と向き合うというのならできそうです。

もしうまくいかなくても、男女とも他に数人会っている人がいたりするので「次にいこう」と落ち込まないで前に進めるのも交際クラブのいいところだそうです。恋愛にハマって落ち込みがちな人は、ひとり脳内交際クラブのつもりで、執着しないマインドでいると楽になれます。

（2021年9月）

このたびの教訓

自分の知らないところで、交際クラブで回っている経済。おじさんたちが恋愛をエネルギー源にして仕事に励むことで日本経済も上向きに……？

「低欲望社会」の男女

「サポート夫」と言えばあの人

「男性は仕事をして女性は家庭を守る」そんな価値観が古くなっている昨今、活躍する妻を支える夫が増えていると聞きます。

奇しくも先日、ご結婚された小室眞子さん圭さんのご夫婦の話題もありました。圭さんが、誰もが合格を疑っていなかったNY州の弁護士の司法試験に落ちてしまい、収入の見込みが大幅に減少。眞子さんが高収入の仕事に就けないと、物価が高いNYでは生活が詰んでしまいそうです。小室さんは心機一転、今後は眞子さんの仕事での活躍を支えつつ、ロークラーク（法律事務員）として働き、受験勉強に勤しむのでしょうか。

結婚会見でも実はこれまで2人の関係において眞子さんが主導権を握っていたことが明らかになりました。借金問題を眞子さんの意向で対処してもらったり、海外に拠点を作ってもらったり……。

とくに「圭さんが独断で動いたことはありませんでした」という一言もインパクトがありました。世界中に、独断で動いたことがない男だと知らしめられてもとくに気にしていない様子の小室さん。もしかしたら妻を立てる献身的な一面も持っているのかもしれません……。

ポジティブ無職と暮らす

周りに目を向けると、献身的で素敵な夫と、バリバリ働く妻、というカップルが結構いて、先日もそんな2組の夫婦（40代、50代）とホームパーティでご一緒する機会がありました。後学のためにも、理想の夫婦関係についてお話を伺わせていただきました。

音楽関係の仕事をしていてスクールも経営しているつばささん（妻）とシンジェルさん（夫）ご夫妻。女性活躍推進のための活動をしながら会社を経営しているニキータさん（妻）と、その旦那さんのジローさんご夫妻です。

つばささんいわく「ニキータさんはジローさんに、いつもすごいホメられるんですって。

『君は希望だ』とか言って。ニキータさんはそれでめっちゃ出世していくんです」

「自然に奥さんをホメていたらどんどん出世していきました」とジローさん。

ジローさんがニキータさんと付き合いはじめた頃、サブプライムショックやリーマンショックが起こり、不動産関係の仕事をしていたジローさんは無職になってしまったそうです。ニキータさんが働いている間、家でひとり焼き芋を食べたりゴロゴロしていたとか。財産の大半は会社の株だったのですが、倒産によってその株は紙くずに……。でもめげずに、ニキータさんをホメて励ましていたら、そのポジティブな言霊（ことだま）がジローさんに返ってきたのか職も決まり、出世して、2人ともお金持ちになっていきました。

普通、家で無職の彼や夫がダラダラしていたら不安や怒りがわき上がりそうですが、お2人の場合はポジティブさを失わなかったのが良かったのでしょう。

「私が思うのは、この夫と一緒じゃなかったら今の私じゃなかった。ホメ上手でやる気にさせてくれるんです。私は自分で決めてコントロールしたいタイプなので、ジローさんはそれを受け入れてくれるのも良かったですね」と、ニキータさん。

「女性活躍推進のコンサルタントをしているのですが、役員の女性を見てると、共通点が旦那さんが皆さんサポータータイプだったり優しくて、奥さんを支えているんです」

優しくて肯定してくれて支えてくれる夫……欲を言えばイケメンだったらさらにモチベーションが上がります。ちなみにジローさんは具体的に何てホメてくれるのでしょう。

「ニキータさんのおかげですよって毎日毎日言われてるのでその気になってくるんです。ニキータさんあっての僕ですって。よろしく頼むよみたいな感じでいっつも言われてる」

何か経済力とか仕事力にまつわるホメ言葉が多い気がしますが、「きれいだよ」とかは言われないんでしょうか。

「そういうのは一度もない。能力とかそっち系ですね」と、割り切った様子のニキータさん。女性だったら外見系のホメもちょっと入れてもらえたら嬉しいですが、人によって心に響く言葉が違うのかもしれません。

そういえば小室さんも眞子さんと遠距離恋愛中「君はいつもかわいいね」とスカイプでささやいていたそうです。それをなぜか小室さんの母親が知っているのが気になりますが……実は女心を知っていてホメ上手なのかもしれません。

「ブルジュ・ハリファから飛び降りる」

ニキータさんは将来設計が綿密で、とくに不動産取得については自分でリサーチしてここに住みたいという目標を設定し、着実に叶えているそうです。

「千葉から東京に引っ越すときも、私は未来に対する不安から乗り気じゃなかったんですが、彼女は確信を持って不動産を決め、移住を進めていました。結果、ついていったら新しい趣味ができたり、出世して経済面含めて良くなったんです。この人すごいなーって思って、ついていけば間違いないと思いましたね」とジローさんが言うと、つばささんの夫のシンジェルさんも同意します。

「うちもわりとそうです。この代官山の家を買うとき、清水の舞台どころじゃなくドバイタワーから飛び降りる気持ちでしたが、彼女が絶対に間違いないから、って」

と、つばささんに全幅の信頼を寄せている様子。

「昔読んだ気の法則の本があって、『強い気は弱い気を巻き込む』という文章が印象に残ってます。だから、つばさが絶対これをやりたいってなると、僕はひゅるひゅるって巻き込まれるように入っていく。巻き込まれ系です」

シンジェルさんは前の会社で順調に出世していたのが潔く辞められて、つばささんの会社に入って平社員からスタートしたそうです。

「いきなり役員にすると会社的に良くないから、平社員にしようってことになって。シンジェルさんは『この人が社長で僕は平社員です』って言ったりしていて、そういうのも楽しいですね」と、つばささん。

「やっぱり光があって影があるじゃないですか。社長と平社員という立場を明確にすることで、仕事の現場でつばさが輝くんです」

というシンジェルさんの言葉は、最初の婚約会見で自分を太陽に、眞子さまは月となぞらえた小室圭さんに聞いてほしいです。

男女関係の新パターン

「いい奥さんの心得みたいな本はたくさんあるけれど、その逆パターンは見ないです。かつては『愚妻』という呼び名があったり、夫の方が偉いという価値観があった。でも、今は男の人が稼いで女の人は家にいる、という考えだと両方とも苦しくなってしまう場合があります。もっといろんなパターンがあって良いと思います」と、ニキータさんもおっしゃいます。

「女性活躍推進の言葉がメジャーになって世の中の空気が変わってきたじゃないですか。一方的なパターンに偏っていた男性と女性の関係で、実は男の方がサポートしても良いかもしれないって、時代の変化を感じます」とシンジェルさんも同意。男らしさ、女らしさの呪縛から男女とも解放される日は近そうです。

「話が飛んじゃうかもしれないですが、不動産の世界って女性の方が早めに実績を上げて、できる人が多いんです。男性っていろいろ考えすぎて踏ん切れないのかな」とジローさんが言うと、シンジェルさんも、

「一歩の踏み込みが早いですよね女性って」

「女性はこういうのやれって言うと徹底してやるんです」

と、サポート夫の2人から口々に女性をエンパワーメントするホメ言葉が！　こうやって日々励ましてくれるのならありがたい存在です。

ただ気がかりなのが、たまに聞く浮気パターン。芸能界などでも妻が大人気で活躍していると、夫がプライドを満たすためか自分よりも立場が弱い女性に手を出してしまう、というニュースをたまに聞きます。妻が忙しすぎて寂しい、というのもあるかもしれません。サポートする夫として、浮気心がわいてくることはないのでしょうか。

シンジェルさんは、「時代の変化にどうしてもなじめない人はいると思います。男が上に立つものという昔のパターンの名残があるから、奥さんが活躍していると悔しくてしょうがなくなっちゃうんだろうなって思う。でもそれは時代に取り残されてしまう人々で、スムーズに移行できる人も多いと思います」と、澄んだ瞳で語ります。

ジローさんも、「男性の置かれている状況次第ですね。奥さんは仕事がうまくいっていて、旦那さんはピークアウトになってるとあり得ると思います」と少し理解を示しながらも、ご本人は違うというゆるぎない空気を感じさせます。ホメの言霊によって夫婦とも成功したという安定感が漂っています。

ニキータさんは「女性が男性に三高などの条件を求めるのと同じです。男性が経済的に頼れる女性を求めて、でも本当に愛がなければ心は満たされないから浮気に走りますよね。新しいパターンは、男性も自分の価値観を持っていて自立している女性を選ぶのだと思います。浮気するしないは相手の人柄とか考え方次第ですね」と、現実的に考察。こんな冷静な奥さんが近くにいたら夫の浮気心もクールダウンしそうです。

「低欲望男子」「高欲望女子」の世界

また現代は「低欲望社会」と呼ばれていますが、低欲望男子と高欲望女子（その逆も）が相性が良いと、シンジェルさんは分析しています。

「私もジローさんも低欲望な奥さんを引き寄せない」と確信するシンジェルさんに、「低欲望男子が高欲望女子を潜在意識で選んでるんです」と、ニキータさんも賛同します。

お互いを認める2組の夫婦の友情も素晴らしいです。ホームパーティは2組＋1人で完全にアウェイでしたが……。せめて自分の中で自分をホメて伸ばしていこうと心に決めました。

女性活躍の時代、妻をサポートしている男性たちの印象は……まず、押しが強くない、という面があります
ルーティンワークが好き
ジローさん
シンジェルさん
僕は人生全てディフェンダーなんです
ギラギラしていないので話していても疲れません
エゴを感じさせない低欲望男子は低エゴ男子でもあります
家事も分担しています
夫は不器用なので家事はゴミ出し、お風呂掃除、食器洗い、靴磨きなどできることをやってもらっています
理想の「三低」の条件は……低欲望、低エゴ、低姿勢かもしれません

最後に、それぞれ奥さんのことをどう思っているか一言で表してもらうと……、シンジェルさん「僕はわかりやすく言うと先生ですね」
ジローさん「神でもあり先生でもあるね」と、リスペクトを表明。
奥さん側も「彼は8歳上なのにかわいいなって思いと守ってあげたいっていうのもあるし……。自分の持ってる潜在能力を引き出してくれる」（ニキータさん）
「シンジェルさんと出会って、嫌いな家事を無理してやらなくても良いと思えたんです」（つばささん）
と話がつきない感じで胸がいっぱいになったのでホムパを途中で失礼させていただきました……。ごちそうさまでした。

（2021年11月）

このたびの教訓
女性活躍社会を実現するのは、男性のホメ言葉によるエンパワーメント。

辛酸コロナ日記 その❷

「旧型」スキルの新たなカタチ

ポスト・コロナの飲み会マニュアル（2022年1月）

「宴欲」爆発で暴走する人たち

２０２０年の年末は忘年会どころではなかったですが、緊急事態宣言が解除され、新規感染者が少なくなった２０２１年の年末は、宴会が徐々に行われているようです。といっても、Ｗｅｂのアンケート結果を見ると、大企業の８割が忘年会を開催していないそうで、大企業ほど警戒心が強いようです。

「オミクロン株」も予断を許さない状況で、今は嵐の前の静けさなのでしょうか……。２年ぶりにリアルで集まって絆が強まるのは良いことですが、半面、今まで抑えられていた宴欲（うたげよく）が爆発し、暴走する人々の姿が各地で散見されているようです。

ちょうど「警察24時」系の番組を観ていたら、スナックで飲んでいるお客のお通しを勝手に知らない男性が食べて揉めて警察沙汰になったり、酔って転んで血まみれの男性や、歯が折れた女性などが出てきてカオスでした。久しぶりなので宴会のマナーや加減がわからなくなっているようでした。

先日も、居酒屋で久しぶりの知人と打ち上げ兼忘年会を行ったのですが「どう座っていいかわからない」と戸惑う声が聞かれました。久しぶりに「とりあえずビールで!」とオーダーする声を聞けて感慨深かったです。その夜は、菜食主義の人がメニューをオーダーしていたからか平和な空気の忘年会でした。でも、最近参加した中にはエグい忘年会もありました……。

酔って殺意をカミングアウト

・積年の思いをぶちまける

ある会社の忘年会に参加したところ、元上司の人に一言、というコーナーで「正直何度もぶっ殺したいと思ってました」「怒鳴られる日々が続き、毎回死ねと思ってました。でもそのときの経験のおかげで義理の両親とうまくやっていけてます」と、本当にぶっちゃける人が多数……。

目の前で書類を破り捨てたり、オフィスで怒号が飛び交ったり、物が飛んできたり、かなり厳しい上司の方だったそうですが、積年の恨みつらみを晴らすようなスピーチがエグかったです。それでも、お酒も手伝って次々と殺意をカミングアウトした人々は、顔を紅潮させ、カタルシスに包まれているようでした……。

・同じテーブルの人に気を使わない

私以外は会社の元同僚たちというテーブルになった忘年会で、皆さん当時の話が盛り上がりすぎて、門外漢の存在がいるということに気が回っていないようでした。

「やまちゃんって鈴木さんのこと好きだったんじゃないの？」

「武田さんと付き合ってたらしいよ」

「ペアルック着てたよね」

「びっくりー！」

みたいな話を延々繰り広げていて、私は全く入っていけず、ただスマホを眺めるだけの時間に……。久しぶりの宴会、仲間と話せる貴重な時間なので、部外者に気を使っている場合ではないのかもしれませんが、若干いたたまれない気持ちでした。

ディープに進化する飲み会

・陰謀論を展開する
仕事関係の忘年会で、お酒が入るにつれ、同席の男性が突拍子もない陰謀論を展開。私は陰謀論慣れしているのでまだ大丈夫でしたが、他の〝堅気〟の方々の間には戸惑いの空気が広がりました。

「地球は球体ではなく実は平面」という「地球平面説」に始まり、「前澤さんは実は宇宙に行っていない」という陰謀論にも話が及んでいました。1日に地球を16周もする猛スピードのＩＳＳで、あんなに静かに乗っていられるわけはない、ということらしいです。地球の自転と同じく、等速で動いていれば早さを感じない、という説がありますが……。

さらに「森と山は存在しない」という驚きの説が飛び出しました。「かつて地球人は宇宙人の奴隷として使われていました。宇宙人は地球の資源を取りに来ていたんです。そのときに掘ったあとが、海や湖です。当時は、とても大きな木が生えていたのですが、その切り株が今の山になっています。この説を知ってから、山を見ると切り株としか思えなくなりました」。

「その宇宙人ってアヌンナキですよね」と、話題に乗っかれる自分もやばいです。しかし山が切り株というのはどうも信じられません。

同席した方々は「当たり前を疑うのは大切なことですよね」と、大人の対応でした。久しぶりの忘年会では、話題が暴走することもあります。場の空気や反応を見た方が良さそうです。

・話題がディープすぎる

また、別のフリーランスの方々との忘年会は、皆さん経験と知識が豊富なので話題が濃かったです。マウントをとり合うかのようにエピソードを披露。

「伊豆のある離島では、1月のある日、外に出てはいけないという言い伝えがあります。地元のおばあさんが神隠しでいなくなって3日後にひょっこり出てきたりする不思議な場所です」

「全市町村めぐりをしていると、トカラ列島が最難関です」

といった旅行トークや、珍しい風習の話も。

「ある島では『洗骨』といって、親族が亡くなって土葬した数年後、遺骨を掘り出して洗う風習があります。お嫁さんがお姑さんの骨をいやいや洗ったりしてる」

「カエルの皮をもらってから仕事運が悪くなったので、アルミホイルに包んで塩をかけて処分したら運気が回復しました」

「クリオネを食べたいと思って北海道で船をチャーターしてクリオネ漁をしました。でも、食べたらおいしくなくて、風邪をひいたときの鼻水の味でした」

こんな感じで皆さんディープなネタを持っていて、私はなかなかそれに釣り合うネタがありませんでした。聞き役に徹した忘年会。

また新年会で集うそうですが、珍しい料理を調達してくる予定の男性に「新年会は何食べるんだっけ?」と誰かが尋ねると、「ヌートリアと孔雀とカラスですね! 本当は猿も欲しかったんですが一頭丸ごとって言われて断念しました」という想定外の答えが。

自粛期間を経て、宴会はよりディープにマニアックに進化しているようです。ヌートリアや孔雀やカラスを食べる気になれない自分は、凡庸な価値観なのかもしれない、と焦燥感にかられました。

人間の本性を見たときは

・スキンシップが激しすぎる
スピリチュアル系の女子会の忘年会が行われ、私は仕事があったので途中で帰ったのですが、そのあとの写真をLINEグループで見て驚きました。手を握って見つめ合ったり、肩を抱いたりスキンシップする大人の女性たち。そして最後、解散前の別れの抱擁を……。数組が固く抱き合う姿が写真に収められていました。シャンパンや伊勢神宮のお神酒(みき)などを飲んで身も心もオープンになったようです。ほとんどお酒を飲まないので、その場にいたらスキンシップの輪に入れなかったかもしれません。

久しぶりの宴会で自分をさらけ出す人々
怒られる度、ぶっ殺したいと思ってました
女子会では身も心もオープンに抱き合う人も……
コロナ禍の宴会はディープな空気です
新年会は何食べるんだっけ？
ヌートリアと孔雀とカラスですね！
それはちょっと……いいかな
しばらく忘年会の余韻だけで生きていけます

でも、写真から女子校のような空気が漂ってきて懐かしいものがありました。久しぶりの忘年会で、今まで集まれず、寂しさをつのらせていた反動で人はスキンシップを求めるのかもしれません。また感染者数が増えて集まれなくなったら、このときの写真を眺めて人肌のぬくもりを思い出すのでしょう……。

今年の忘年会は、例年になく激しくて、人間の本性が見えたように思います。宴会にもリバウンドがあるというのを体感。ブレイクスルー忘年会に参加して、しばらく宴会はいいや、と思えることで、感染症予防にもなりそうです。

このたびの教訓

久しぶりの宴会で、マナーを忘れたり羽目を外しがちに。お互いさまなので慈愛の心で受け入れましょう。

これからの人付き合いに備えて（2022年8月）

「コロナ禍が落ち着いたら会おうね！」も限界に

世の中は「ウィズコロナ」時代になって、行動制限も徐々に解除され、一人一人が地道な感染対策をしながら、気を付けて生きていくというフェーズに入ったようです。日本の新規感染者数は一時世界最多になり、まだ予断を許さない状況ですが、飲食店は賑わい、音楽フェスやコンサート、演劇なども再開されています。

人との交流もまた復活していくのでしょうか。嬉しい半面、ダルさもありますが、6月頃『週刊女性』に興味深いアンケートが載っていました。「コロナを言い訳に使えなくなってガッカリ！」と題された記事で、「コロナ禍が明けたときの困り事」をテーマにアンケート。トップ5の5位は「冠婚葬祭の再開」で、4位は「夫の実家に帰省すること」、3位は「子どもの学校行事が再開」、2位は「脱マスクでメイクが必要に」、堂々の1位は

「職場の同僚や友人との飲み会」でした。

コロナ禍を理由に断り続けていた職場の〝飲みニケーション〟が復活することを憂慮する声、友人に誘われていた気乗りしない旅行の計画が再開するのを心配する声など、自粛を理由に断っていた人付き合いが面倒くさい、という本音が載っていました。

私の周りでも「コロナが落ち着いたら会おうね！」が使えなくなってきた、という声が。同じセリフを実際に友人に言われたことがあり、今思えば「とくに会いたくない」の婉曲（えんきょく）的な表現だったのでしょうか……。「コロナが落ち着いたら会おうね！」が使えなくなってきたら「マスクを外せるようになったら会おうね」というのもいいかもしれません。

周りの人に、コロナを理由にできなくなって面倒くさい人間関係がないか聞いたら、あるカメラマンの女性は「とくにないです」と断言。「コロナ前から友だちが少なく、2、3年に1回会う友だちが数人いるくらい。こっちは独り身で、皆子育てしているので話が合わず、このくらいの距離感がちょうどいいんです。数年に一度、2、3時間おしゃべりするくらいなので、コロナ前後でとくに変わりないです」とのことでした。潔い言葉に勇気づけられましたが、そこまで達観できそうにありません。人付き合いは面倒くさいと言いながらも、そろそろ寂しくなってきました。

顔と名前の記憶術

これから人との交流が再開することを見込んで、準備をしなければと思い、申し込んだのが「人の顔と名前を憶える講座」です。記憶力を高める「アクティブブレイン」のコースの一つでZoomで行うので、それこそ直接会わずに気軽に受けられそうです。

私はコロナ前から記憶力が悪く、人の名前が覚えられないという悩みがありました。2020年以降、人と会う機会が減ってきて、ますます脳が記憶する努力をしなくなったような気が……。タイのBL俳優やジャニーズの名前を覚えるかわりに、友人知人の名前を忘れていってしまっているような気もします。

Zoomに申し込んでしばらく経ったある日、電話取材の応対などで忙しくしていたら、記憶術のZoomの確認メールが当日、時間を過ぎた頃に届きました。講座の日時を失念するという、記憶力以前の問題が……。陳謝しつつ遅れて参加しました。

教えてくださるのは、日本IBM出身というエリート感漂う品田先生。「アクティブブレイン」の講座を受けることにより、中高年以上で資格試験に受かったり、セカンドキャリアを築いている受講生が多いそうです。何歳になっても脳は成長できるという希望が持てるお言葉が。そこまで高い望みは持てないので、とりあえず名前を記憶できるようになりたいです。

まず品田先生から「小1のとき同じクラスだった人の名前をできるだけ思い出してみてください」といきなり難易度の高いミッションが。

「中村　田中　吉田　三上　まゆみ」と絞り出しましたが、皆本当に小1の同級生か記憶が定かでありません。顔も覚えていないです。

品田先生によると、「だいたい平均して4、5人思い出せます」とのことでとりあえず安堵。

「今まで一番たくさん覚えていたのは北海道の人で33人。地元の学校で小1から中3まで一緒で今もよく集まるそうです」と、濃密な人間関係のようでした。

「名前が出てくる友だちと出てこない友だちの違い」を説明してくれた先生。出てくるのは「仲が良かった友だち、仲が悪かった人、何らかの強い印象が残っている友だち、卒業後有名人になった人」で、出てこないのは「卒業以来会ってない友だち、あまり話さなかった人、可もなく不可もなく問題行動がなかった人、話題に登場しない人」だそうです。

改めて記憶を辿ってみると、小学校時代は「好きな男子」の名前しか覚えていないかもしれません。その理由は、おまじないで緑のペンとかでノートに名前を書いたから、でしょうか……。

「頭の中で名前をアウトプットする頻度が高かったり、印象的なエピソードがあると思い出しやすいですよ」と先生。例えば1980年頃にデビューしたアイドルはたくさんいますが、今でも人の記憶に残っているのは松田聖子さん三原じゅん子さんくらい。それは今も活動していたり人の話題によく出るから、だそうです。知名度は永遠ではないのです。

覚えられるもの、覚えていないこと

そもそもなぜ大人になると名前が出てこないかというと、「子どもの頃と比較すると知り合いの数が多くなった」「実は名前を呼んだ回数が少ない」「呼ばれているのを聞いた回数が少ない」「一度間違えて覚えてしまった」「相手の名前を書かなくなった」「長い期間会っていない」などの理由があるそうです。知り合いの名前が増えると脳内検索するのが大変です。子どもの頃は記憶力が良かったというより、知り合いの数自体少なかったのでしょう。

「子どもの頃は覚えられたと思ってる人は多いけど、実は子どもってしょっちゅう忘れるんですよね。昔保育園の先生をしていたことがありましたが、僕の名前を4回くらい聞いてくる園児がいました。子どもは忘れたこと自体忘れて、大人は忘れたことを記憶するんです」

名前を忘れたという思い出がいつまでも残っているから、自分は記憶力がないと思い込んで、最初からあきらめてしまう、というのはありそうです。

「知り合いでもＡＫＢ関係や坂道系のアイドル、５００人以上の名前を覚えている人がいます。興味のあることは入ってくるんです」

逆に興味のないことに関しては人は記憶力を発揮できません。先生が、興味のないジャニーズの名前を11分間でアウトプットしようとしたメモを見せてもらいました。

「光げんじ　赤坂　大沢」「ヘイセイジャンプ」「TOKYO　じょうじま　山口」「アラシ　大野君」など、おぼつかない感じで書かれ、「東方しんき」まで入っていました。50代男性の苦労のあとがしのばれるメモでした。記憶力の先生も、覚えられない分野があると思うと安心します。

名刺交換の落とし穴

それではどうすれば名前を記憶できるのでしょう。まず「顔の部分の違い」に注目する、という方法があるそうです。大きい目小さい目、上がり目下がり目など、人相学のデータと共に記憶すると、違いをインプットしやすくなります。

また、名刺交換して見返しても誰かわからない場合、そもそも覚えようとしていない、という説が。これは耳が痛いです。名刺交換という行為で満足してしまい、名刺入れにしまっていては覚えようがありません。

「会話の中で名前を呼んだり、話している間に呼んでみたり、アウトプットすると覚えやすくなります」

また、「イメージ化」という方法も、名前を記憶しやすいとか。野口さんという人と知り合ったら、野口英世のイメージとつなげたり、小田さんは小田和正と一緒に歌っているシーンを思い浮かべたり……。良い例が浮かばない場合は、漢字をそのままイメージすると良いという秘策を教えてもらいました。

「海老沼さんは、沼から海老がピョーンと出てくる、鈴木さんは木に鈴がなっている、二宮さんはお宮が2つある、松田さんは田んぼの中に松がある……こうやって覚えれば入りますよね」

実際にこの方法で、赤の他人10人の顔写真と名前を記憶して最後にテストしたところ、全員しっかり覚えていました。ただ、この記憶が数日後も残っている自信はないですが……。この成功体験を胸に、人間関係を構築していきたいです。ちなみにこの日、パソコン上で記入していたメモを、どのフォルダに保存したか忘れるという、また記憶力以前の事態が発生しました。

顔と名前を覚える方法
○顔のパーツの特徴を記憶
今だと目がメインに……
田代さんは目がギラギラしてる
鈴木さんは目に闇が……
私の場合瞳のよどみ具合や輝きが記憶に残りやすいです
○名字をイメージ化して結び付ける
細田さん
沢山さん
日本は自然を感じさせる名字が多くて自然の大切さを再認識……
名前の言霊に癒されます

コロナ禍で見つけた人付き合いの本質

コロナはまだ明けていませんが、パーティや会食の機会が出てきたので参加。知人の映画賞受賞パーティでは、それぞれのお祝いのスピーチは良かったのですが、レストランのショータイムでサンバカーニバルのようなダンサーが入ってきて「フー！」などと叫びながら踊りまくっていました。

しかもお客を次々舞台に引っ張り上げて踊らせたり、皆を電車ごっこのように一緒に踊りの輪に参加させたりしていて、軽い接触が巻き起こっていました。7割以上の人が踊らされていましたが、飲み物のグラスを両手に持つ、という秘策でなんとかダンサーに手を引っ張られないでやり過ごすことができました。楽しかったけれど一抹の感染の危険を感じました。

そしてまた別の日は、ほぼ初対面の仕事関係の知人の飲み会に参加することに。会合の頻度が減ると、人間関係の礼儀の意識が薄まってしまうのでしょうか。宗教、政治批判、プライバシー、などタブーの話題が投げかけられました。

さらに「ご両親は今健在ですか」とか「結婚はしないんですか」「自分の容姿について

どう思いますか」といったハードな質問が次々来て、皆の前で答えることになって、精神的に消耗。この日会った人の名前は、記憶術でその場では覚えていたのですが、後日、記憶から消えてしまいました。

コロナ禍の社交の場にいくつか出て改めて実感したのは、「無理に集まりには出なくてもいい」ということです。コロナ前はなんとなく付き合いで出ていた会合やパーティ。でも、今はコロナによる人間関係のリセットを経て、選択の自由があるのを実感しています。会いたくなければ人と会う必要はない、という結論に達して心が軽くなりました。

このたびの教訓

名前を忘れても、人と疎遠になっても、それは自然な流れ。会いたい人とだけ会えば良いのです。

あとがき

『大人のコミュニケーション術』『新・人間関係のルール』に続き、人との関係や、大人の流儀について考えてみたのがこの『大人のマナー術』です。

人間関係でいえば、昨今の大人は、閉じる派、開く派に分かれているようです。年齢を重ねたり、コロナ禍に直面したりで、時間も体力も限りがあることを実感。人間関係を整理する人が増えているそうです。いっぽうで、守りに入らず、新たな人間関係から刺激を受けたい、という人もいます。どちらが正解かはわかりません。そのときの直感に従うのが良さそうです。

ただ言えるのは、一緒にいてエネルギーを吸い取られたり、自己肯定感が下がるような人とは、会う必要がないのでは？　ということです。コロナ禍で交流が減って寂しくて、自分にとってマイナスな人と交流してしまった人もいるのではないでしょうか。自分の方ばかり気を使って相手におざなりにされて、空回りしていることに気付き、虚しくなる……。私自身も身に覚えがある展開です。

この本で取材したエピソードの中にも、陰謀論にハマったり、詐欺師に引っかかったり、ワクチンで価値観が分断されたり、といった、自己肯定感が揺らぎそうな話がありました。先日会った陰謀論に夢中の知人女性は、スマホで見ている、芸能人が殺された説や、人身売買説などの恐ろしいYouTube動画を、自分に直接宛てられたメッセージだと思い込んでいるようでした。スマホというプライベートなアイテムで見ていると、そう錯覚してしまうのでしょうか。これも、自分を見失ってしまう一例です。

私も自分を見失いかけた実体験を経て感じたのは、いつの間にか人生の主体が自分以外の誰かになってしまう危険について。人に気を使ってばかりいたとき、相手がどう思うか、という点ばかり気にして、自分主体の人生ではなかったように思います。

ふとある時、人がどう思うかより自分がどう思うかが大事なのでは？　と気付き、自分の軸を再確認。意識が変わると、依存していた人間関係やものが自然と離れていきました。

手放した人やものに対しては、難しいかもしれませんが、感謝の念を抱く、というのがポイントです。これからは、本当に会いたい人とディープな人間関係を構築する、という流れになっていくのではないでしょうか。

この本では、ポジティブな人間関係とネガティブな人間関係の両方を取り上げさせていただき、話を聞くことで感情移入したり学ばされることが多かったです。取材させていただいた方々に改めてお礼申し上げます。連載を担当してくださった、光文社新書の小松現様、江口裕太様、デザインを手がけてくださった熊谷智子様にも心からお礼申し上げます。そして読者様も、ありがとうございました。厳しい時代ですが、一緒に乗り越えてまいりましょう……。

辛酸なめ子

２０２３年２月吉日

本書は、光文社新書ｎｏｔｅ（https://shinsho.kobunsha.com/）に連載された「新・大人のマナー術」（２０２０年9月〜２０２２年8月）の内容を再編集して一冊にまとめたものです。

本文デザイン　熊谷智子
本文イラスト　著者

辛酸なめ子（しんさんなめこ）

1974年、東京都生まれ、埼玉県育ち。漫画家、コラムニスト。女子学院中学校・高等学校を経て、武蔵野美術大学短期大学部デザイン科グラフィックデザイン専攻卒業。恋愛からアイドル、スピリチュアルまで幅広く執筆。著書に『大人のコミュニケーション術』『新・人間関係のルール』（以上、光文社新書）、『女子校育ち』（ちくまプリマー新書）、『辛酸なめ子の独断！流行大全』（中公新書ラクレ）、『無心セラピー』（双葉社）、『電車のおじさん』（小学館）、『辛酸なめ子、スピ旅に出る』（産業編集センター）など多数。

大人のマナー術

2023年3月30日初版1刷発行

著　者 —— 辛酸なめ子

発行者 —— 三宅貴久

装　幀 —— アラン・チャン

印刷所 —— 堀内印刷

製本所 —— 国宝社

発行所 —— 株式会社光文社
東京都文京区音羽1-16-6（〒112-8011）
https://www.kobunsha.com/

電　話 —— 編集部03（5395）8289　書籍販売部03（5395）8116
業務部03（5395）8125

メール —— sinsyo@kobunsha.com

　ISBN 978-4-334-04656-9

1245
リスキリングは経営課題
日本企業の「学びとキャリア」考

小林祐児

急速に取り組みが進む、知識やスキルの学び直し「リスキリング」を阻む、日本企業特有の構造とは何か。大人が世界一学ばない国・日本における学び方、働き方の新たな仕組みを考える。

978-4-334-04652-1

1246
宇宙ベンチャーの時代
経営の視点で読む宇宙開発

小松伸多佳　後藤大亮

宇宙開発は民間企業がイニシアティブをとる「ビジネス」として生まれ変わりつつある。ベンチャー・キャピタリストとJAXAのエンジニアが企業経営とサイエンスの観点から展望する。

978-4-334-04653-8

1247
東大生、教育格差を学ぶ

松岡亮二　髙橋史子
中村高康 編著

地域・性別・社会階層など本人が変えることのできない「生まれ」によって学力や学歴などに差がうまれる「教育格差」を、東大生38人はどう捉えるか。白熱ゼミの模様を新書化。

978-4-334-04654-5

1248
90歳までに使い切る お金の賢い減らし方

大江英樹

「貯める・増やす」の呪縛、「老後不安」という物語に振り回されず、価値ある使い方をすることで人生を豊かに生きる方法とは。お金の本質を掘り下げ、日本人のお金観に一石を投じる。

978-4-334-04655-2

1249
大人のマナー術

辛酸なめ子

コロナ禍の限られた人付き合いで、辛酸さんのマナー感覚は危機的状況に。一念発起、よりよい人間関係のヒントを学びます。今こそ読みたい、避けられないコミュニケーションへの処方箋！

978-4-334-04656-9